"营改增"背景下电网建设项目成本控制

主　　编　李学军

副 主 编　罗世刚　　俱永升

编写人员　张建辉　　胡安龙　　张海文　　陈庆胜　　李惠庸

　　　　　孙永彦　　颜　旭　　靳攀润　　万小花　　李　敏

　　　　　尚志鹏　　平　常　　张　岳　　赵明亮　　冯燕军

　　　　　王小文　　孙亚璐　　白永利　　吴　鹏　　曹　喆

中国财经出版传媒集团

经济科学出版社

Economic Science Press

图书在版编目（CIP）数据

"营改增"背景下电网建设项目成本控制/李学军
主编；罗世刚，俱永升副主编. – – 北京：经济科学出
版社，2023.1

ISBN 978 – 7 – 5218 – 4459 – 7

Ⅰ.①营⋯　Ⅱ.①李⋯②罗⋯③俱⋯　Ⅲ.①电网 –
电力工程 – 成本控制 – 研究 – 中国　Ⅳ.①F426.61

中国国家版本馆 CIP 数据核字（2023）第 014004 号

责任编辑：谭志军
责任校对：刘　昕
责任印制：范　艳

"营改增"背景下电网建设项目成本控制
主　编　李学军
副主编　罗世刚　俱永升
经济科学出版社出版、发行　新华书店经销
社址：北京市海淀区阜成路甲 28 号　邮编：100142
总编部电话：010 – 88191217　发行部电话：010 – 88191522
网址：www.esp.com.cn
电子邮箱：esp@esp.com.cn
天猫网店：经济科学出版社旗舰店
网址：http://jjkxcbs.tmall.com
北京季蜂印刷有限公司印装
710×1000　16 开　10.75 印张　180000 字
2023 年 1 月第 1 版　2023 年 1 月第 1 次印刷
ISBN 978 – 7 – 5218 – 4459 – 7　定价：48.00 元
（图书出现印装问题，本社负责调换。电话：010 – 88191510）
（版权所有　侵权必究　打击盗版　举报热线：010 – 88191661
QQ：2242791300　营销中心电话：010 – 88191537
电子邮箱：dbts@esp.com.cn）

序　言

2016 年 5 月 1 日国家全面实施"营改增"，与电网建设项目相关的上下游之间长链实施"营改增"。由于营改增对电网公司会计核算等方面影响较大，改革也更为复杂。电网建设作为一项基础建设，关系到国计民生。国家和有关部门对此高度重视，并给予大力支持。营业税改增值税以及电力体制改革两项重大改革举措，使电力行业受到各界广泛关注。在电力体制改革和全面税制改革的背景下，研究电力公司税负变化，可为未来公司对成本等方面的管理提供依据。电力市场化改革已经进入加速期，电网公司在市场上的定位发生明显变化，而"营改增"又进一步给电网公司管理带来非常大的挑战。"营改增"是目前最大规模的结构性减税措施，但它不是简单的只减不增，必定会对电网公司的税负变动和税收筹划造成影响，并使得财务风险大增。同时，新旧税制衔接是一大问题，税收政策发生变化，以往的税收核算就需要进行转化。

本书通过"营改增"对某电力企业税负影响的研究，比较分析营业税改增值税前后企业税负率的变化，对比分析测算结果，找出了电力企业实现税负只减不增的关键因素。此外还引入案例分析进一步说明税制改革对企业税负的影响，通过实证分析得出研究结论，并提出企业税务筹划的相关建议，促使"营改增"政策的目标顺利实施，电网公司稳步快速发展。"营改增"是中国改革开放税负体制改革的重要节点。而电力行业近年来发展迅猛，成为中国国民经济的重要组成部分。因此本书选择"营改增"对电力企业电网建设项目成本控制的研究，具有重要的理论意义与现实意义。

全书共分为 10 个章节，约 18 万余字。第一章至第五章由李学军编写，字数为 6 万字。第六章和第七章由罗世刚编写，字数为 4 万字。第八章和第九章由俱永升编写，字数为 4 万字。第十章由张建辉编写，字数为 4 万字。本书在编写过程中，参阅了大量的参考文献，姜景芮、魏勇、薛国斌等人对文字进行了认真的梳理和修改。同时，该书得到众多行业内领导和专家的鼓励、支持。在此，对所有支持和校核、出版的领导、专家表示衷心的感谢。

由于本书涉及内容广泛，编者水平有限，书中难免存在不妥之处，恳请读者不吝批评指正。

目　　录

1 研究背景

1.1 研究背景

随着经济不断发展，社会结构和经济结构发生重大变化，为提高经济发展质量，加快经济发展速度，我国于2011年起，不断扩大"营改增"的试点范围，并于2016年5月1日全面展开，改革成效已经初显。随着"营改增"范围的不断扩大，我国供电企业的发展也面临着更多的机遇和挑战。尤其是随着电网基建投资的不断增加，工程项目的数量和规模逐年递增，需要竣工决算的项目也逐渐增加，对于企业所得税的影响越来越大，因此纳税筹划对于企业降本增效显得更加重要。在"营改增"背景下，要尽快适应和发挥好营业税改增值税带来的种种变化，需要在第一时间适应"营改增"大环境。提高供电企业全过程纳税筹划管理能力，促进供电企业长远发展是本书研究的主要内容。

"营改增"即营业税改征增值税的简称，是"十二五"期间我国财税体制改革的一大"重头戏"，也是自2009年增值税转型之后的又一重大变革。

增值税最初于 1954 年在法国开征，由于这种征收方式能有效解决传统销售税的重复征税问题，因此迅速被世界各国采用。在我国，增值税是 1979 年被引入的，经过小范围试点之后，自 1984 年正式开始在全国范围内对 12 类货物征收。1994 年，分税制改革将增值税征收范围扩大到所有货物和加工、修理修配、劳务以及进口货物。2009 年，全面实施增值税转型，允许新购进固定资产加入抵扣链条，完成增值税由"生产型"到"消费型"的转变。到了 2011 年，开始了营业税改征增值税的改革试点，按计划应于"十二五"规划期间全面完成"营改增"的改革目标。

营业税属于传统商品劳务税，实行普遍征收，其特点是"全额征税"，课税对象一般为营业额全额，不受到成本、费用高低的影响。通常，经营者会将营业税税负转嫁到商品或服务的价格中，由此传导至下游的企业或终端消费者，所以，商品或劳务每经过一道流转环节都需要被征收一次税款，这样，流转的环节越多，重复征收现象就会越严重，从而加重税负。

不同于营业税，增值税是以商品在生产、流通、劳务服务过程中产生的增值额作为征税对象的，具有层层抵扣的特点。企业在收入部分确定增值税应征的销项税额后，可以用成本部分的进项税额来抵扣，能抵扣的进项税额抵扣越多，要缴纳的增值税就会越少，若货物没有发生增值，则无需缴税。

"营改增"政策的出台是要改变营业税和增值税两税并存的格局，这一格局所暴露出的，最突出的问题即是重复征税。若"营改增"能打通增值税抵扣链条，完全取消重复征税，那将进一步促进社会分工协作，使我国税收体制更能符合现行市场经济的发展要求，提高市场的运行效率。

截止到 2015 年 6 月，除了金融业、建筑业、娱乐业及部分服务业等少数行业，大部分征收营业税的行业，都执行了"营改增"的政策。建筑行业是第二产业中唯一未征收增值税的行业，长期以来一直按 3% 征收营业税。

2016 年 3 月 23 日，财政部、国家税务总局印发《关于全面推开营业税改征增值税试点的通知》。根据文件规定，自 2016 年 5 月 1 日起，在全国范围内全面推行营业税改征增值税（以下简称"营改增"）试点，电网施工企业所属的建筑业纳入试点范围，由缴纳营业税改为缴纳增值税。随后，结合电力工程的特点，电力工程造价与定额管理总站发出《关于发布电力工程计价依据适应营业税改征增值税调整过渡实施方案的通知》。根据文件规定，开工日期在 2016 年 5 月 1 日（含）后的电力工程，均应缴纳增值税。在此背景下，就"营改增"对电网施工企业的税负影响和应对策略进行探讨研究具有十分迫切的现实意义。

电网建设作为一项基础建设，关系到国计民生。国家和有关部门对此高度重视，并给予大力支持。营业税改增值税以及电力体制改革两项重大改革举措，更使电力行业受到各界广泛关注。在电力体制改革和全面税制改革的背景下，研究电力公司税负变化，可为未来公司对成本等方面的管理提供一定的依据。

2016 年 5 月 1 日国家全面实施"营改增"，相关与上下游之间的长链实施"营改增"。但同时由于营改增导致企业会计核算等方面影响较大，改革也更为复杂。在营业税改增值税的政策背景下，电网公司税负自然也会受到影响。

电力市场化改革已经进入加速期，电网企业在市场上的定位发生明显变化，而"营改增"又进一步给电网企业财务管理带来非常大的挑战。"营改增"是目前最大规模的结构性减税措施，但它不是简单的只减不增，这必定会对电网企业的税负变动和税收筹划造成影响，并使得电网企业财务风险大增。从财务人员的角度来说，新旧税制衔接是一大问题，税收政策发生变化，以往的税收核算就需要进行转化。

第一，以往营业税主要是针对营业额来征税，在当时企业财务部门中只需要增加一个会计科目就能完成税收核算，而且核算模式也非常简单。但增值税不同，其采用的核算模式采用了抵扣——即销项税额减去进项税额就是应缴纳的税额。这不是一个会计科目能够完成的工作，至少需要增加十个科目，核算难度大增。

第二，"营改增"后，开增值税发票，这种发票历来都是重点管控对象，因为其是发生经济违法案件比较多的一个票种。在财务管理中就必须落实好发票管理，否则可能带来多缴税，甚至违法犯罪的情况。

综上，从税收政策的角度探讨了"营改增"给电网企业财务管理在税收核算以及发票两个方面的挑战，而这两个方面又是非常容易出问题的节点，将影响整个财务管理体系。因此，虽然"营改增"减低了企业的税负，但是其风险大增，如果不适应必定遭遇大问题。所以需要采取必要措施调整财务管理，以提高适应性。

1.2 研究目的与研究意义

1.2.1 研究目的

2016年5月1日，我国"营改增"政策全面实行，国家税务总局相继推出增值税征收管理办法，自此营业税彻底退出我国历史舞台。近年来，纳税筹划在税收管理领域的应用研究和企业决策中占有非常重要的地位。增值税的出现对于电力企业是一个陌生的税种，电力企业纳税筹划的研究重点始终放在营业税、土地增值税、企业所得税三大税种上，"营改增"后电力企业迎来税制大改革，相关政策的落实尚不完善，特别是在电网项目建设过程中的成本控制研究在国内还是空白。

因此，本书研究了"营改增"下电力企业的电网建设项目以及财务管理的影响、电网建设项目税收遵从成本、电网建设项目税负增加的因素、四流合一税务管控问题。同时在上述基础上进一步探究电网建设项目税费成本管理和财务管控等方面的问题。

本书对"营改增"背景下某电力企业变化进行研究，以某省电力公司"营改增"实施前后的税负支出为依据。主要研究电网建设下游供应商抵扣增值税进项税额不足，电网建设企业确认收入的方式与增值税征收方式不适应及税改对三大报表的影响分析等问题，进而提出应对措施。

在"营改增"电网建设项目税收遵从成本研究方面，主要以税收遵从理论为基点，研究电网建设企业税收遵从成本的变化情况和影响因素，建立"营改增"背景下增值税纳税遵从影响因素的概念模型，从成本控制角度出发，运用 logistic 回归分析方法、相关性检验和均值分析法等方法及 SPSS 软件对电网建设企业纳税遵从影响因素进行分析，得到增值税遵从与税收政策、扭曲成本、逃税成本相关的结论，提出减少税收遵从成本的对策。

在"营改增"下电网建设项目税负增加的因素研究方面，分析"营改增"后电网企业税负增加的主要因素，得出原因和症结之处，然后从价税计算、供应商选择、合同签订、挂靠企业等方面论述"营改增"对电网建设企业的影响,从而提出合理避税的方法或建议。

在"营改增"后四流合一税务管控问题研究方面,通过分析"营改增"在电网建设企业"四流合一"税务管控中的问题,分别从合同管理、发票管理、物流管理和资金管理等方面进行管控分析,从而提出电网建设企业"营改增"税务管控方案。

在"营改增"后电网建设项目税费成本管理和财务管控研究方面,针对流转税、企业所得税等方面,提出电网建设企业税负计算模型,得出影响电网建设企业成本的主要税负构成,比较现有电网建设企业财务管控流程,提出会计核算、预算管理、税负管理和资产管理的管理流程优化方案。

1.2.2 研究意义

自"营改增"实施以来,截至 2014 年年底,全国"营改增"试点纳税人共计 410 万户,其中一般纳税人 76 万户,小规模纳税人 334 万户。全年有超过 95% 的试点纳税人因税制改革带来税负不同程度下降,减税 898 亿元;原增值税纳税人因进项税额抵扣增加,减税 1020 亿元,合计减税 1918 亿元。2014 年 1 月 1 日和 6 月 1 日,铁路运输、邮政和电信业相继实施"营改增",范围扩大到"3 + 7"个行业。这三个行业分别有 1477 户、4698 户、20658 户纳税人纳入试点。其中,铁路运输、邮政业分别实现改征增值税 363 亿元、11 亿元,与缴纳营业税相比,分别减税 8 亿元、4 亿元;电信业 6 至 12 月实现改征增值税 294 亿元,与缴纳营业税相比,增税 64 亿元,但为下游一般纳税人增加了税款抵扣。

"营改增"的推进持续促进经济转型升级，对第三产业保持稳中有升的势头发挥了积极作用。据统计，2014 年全国第三产业增加值占 GDP 比重为48.2%，同比提高2.1 个百分点。促进企业通过产业升级、专业化协作的方式，优化业务结构，最大限度享受改革红利。就广东来说，已有1/3 的纳税人实施服务业与第二产业的主辅分离，1/4 的纳税人将部分业务外包给其他公司。"营改增"相关产业税收持续快速增长，2014 年，信息传输、软件和信息技术服务业、租赁和商务服务业、广播影视服务业税收分别增长 11.7%、20.4%、13.4%，政策作用非常明显。"营改增"改革范围扩大到建筑业和不动产、金融保险业、生活服务业，这些行业将增加 800 万户试点纳税人，改革推动效应将进一步凸显。

营业税改征增值税是结构性减税的重要内容，是推动国民经济结构调整，促进三大产业全面转型升级的一项重大税制改革。全面实施"营改增"，有利于打通完善增值税抵扣链条，消除产业链重复征税，充分发挥增值税中性特征，消除营业税重复征税的弊端，同时也有利于进一步促进市场专业化分工，增强第三产业的竞争力，推动国民经济产业结构的升级调整，为经济发展注入新的内生动力。

从产业链税负减免效应来看，"营改增"前，电力企业从上游企业购入的原材料和设备所缴纳的增值税不能在其所缴纳的营业税中抵扣，电力企业从服务类企业购买服务所承担的营业税负也无法抵扣，从而造成企业性的重复征税。"营改增"实施以后，相关的进项税额允许抵扣，避免了电力企业与上游企业之间重复征税的情况。

从 2012 年上海市试点企业的税负情况来看，自 2012 年 1 月 1 日实施"营改增"起，截至 2012 年年底，上海市有 15.9 万户企业经确认后纳入试点范围，其中：一般纳税人 5.6 万户，占 35.2%；小规模纳税人 10.3 万户，占 64.8%。此外新增试点纳税人 4.1 万户，其中鉴证咨询服务、文化创意服务、研发和技术服务占比最高，分别为 28.4%、27.6% 和 17.9%。从税负变化情况看，小规模纳税人税负明显减少；原一般纳税人因抵扣增加而税收负担减少；服务出口企业明显得到优惠；一般纳税人税收有增有减但整体减少，其中试点下游企业因进项抵扣内容增加，直接享受结构性减税的政策优惠；试点小规模纳税人应征收率调整减少税收近 40.0%；试点地区一般纳税人整体税负较原缴纳营业税有所减少；税负下降企业已超过 90%。但不排除有部分试点一般纳税人因成本构成、发展阶段、行业特点以及对"营改增"政策的适应程度等原因出现税负增加现象。总体而言，试点纳税人全年减负面已超过 90%，全年整体减少税收 200 亿元左右。

"营改增"后，电力企业由征收营业税改为征收增值税，上游可抵扣进项增多，不仅减轻了企业税收负担，还避免了产业重复征税，减轻了产业的税收负担。特别是对于电力企业来说，其税负可按取得的增值税专用发票抵扣进项，抵扣额可以从零上升至可抵扣税率。"营改增"后，电力企业税负变化不仅取决于适用税率的变化，其减税幅度还受上下游企业、可抵扣进项及减免优惠的影响。

电力企业由于其行业的综合性，成本抵扣环节多，在税制改革中如何确保实现税负公平、抓住机遇完善产业抵扣链、享受税制改革的红利成为急需解决的问题。那么"营改增"这一政策变量对电力企业的税负究竟会产生怎样的影响，是值得我们深入思考和探究的。本书通过营改增对某电力企业税负影响研究，比较分析营业税改增值税前后企业税负率的变化，对比分析测算的结果，力图找出电力企业实现税负只减不增的关键因素。此外还引入案例分析进一步说明税制改革对企业税负的影响，通过实证分析得出研究结论并提出企业税务筹划的相关建议，以促使"营改增"政策的目标顺利实施，国民经济稳速发展。

"营改增"是中国改革开放税负体制改革的重要节点。而电力行业近年来发展迅猛，成为中国国民经济的重要组成部分。因此本书选择"营改增"对电力企业的影响进行研究，具有重要的理论意义与现实意义。

理论意义：丰富了营业税改征增值税方面的理论研究。由于电力行业是最后一批被列入"营改增"试点的行业，有关营改增对电力开发企业影响的相关研究较少。因此，在搜集查阅大量关于"营改增"方面的文献资料的基础上，从电力企业角度探索"营改增"给企业带来的影响，丰富了有关"营改增"方面的理论研究，为电力企业"营改增"影响研究提供了数据支撑。近期关于电力行业"营改增"方面的研究都是从理论角度探讨"营改增"带来的影响，本书通过搜集某公司电力项目的基本资料，以实际数据反映"营改增"后电力开发企业在会计处理与税负等方面所受到的影响。

现实意义：本书针对某电力企业"营改增"后会计处理与税负方面提出的应对措施，对其他类似企业有一定的借鉴价值。电力行业虽说是最后一批被纳入"营改增"试点行列的，但突然从缴纳营业税转变为缴纳增值税，对于各个电力开发企业都带来了冲击。本书通过案例分析等方法，从纳税筹划、会计核算、经营管理等方面为电力开发企业提供应对策略，旨在帮助电力以及其他类似企业顺利度过这一过渡时期。

本书的研究在一定程度上为企业利用"营改增"这一节点达到节税、利润最大化的目的，具有一定的现实指导意义。电力行业在实行

"营改增"之前缴纳的是营业税，税率为5%，现在，增值税在征收时可抵扣进项税，其税收办法分为：一般计税方法和简易计税法，税率暂定为11%。这些变化对于电力开发企业的会计处理、税负等都存在着影响。

2 国内外研究水平综述

2.1 增值税研究综述

增值税是人类在 20 世纪财税领域的一项重大的改革和成就。最先研究现代增值税雏形的想法是在 1917 年由美国学者亚当斯（T. Adams）提出的。1919 年，德国学者西蒙士（C. F. Siemens）在其所著的《改进的周转税》一文中正式提出了增值税这一名称，并详细叙述了税制内容。法国为全世界最早施行增值税的国家，于 1948 年首先开始尝试，当时其只在化产环节施行，对资本货物中所含的税款并不予以抵扣。到了 1954 年，法国将生产型增值税转变为消费型增值税。其后的 20 世纪 60～70 年代，80 年代末到 90 年代，增值税逐渐开始在全球不同区域迅速推行。从理论上来说，增值税征税的范围越宽，抵扣链条就越彻底，越能有效避免重复征税，并且能充分激发其内在所有的制约机制，税收征管成本也更低，如果能对全部商品劳务征收增值税，那将达到增值税最理想的设计状态。

由于增值税可以避免重复征税，能够使税负平衡。增值税在世界各个国家得到推广。国外关于企业纳税筹划方面的研究，早在 1930 年左右就已经开始了。经过几十年发展，国外已经在纳税筹划体系上，已经取得了较快的发展。特别是从 20 世纪 80 年代开始，国外学者对于纳税筹划问题的研究，提上了一个新的发展高度，从理论研究逐步扩展到对于纳税筹划问题的研究上，并取得了较大的研究突破。目前，随着税收在企业盈利中的影响力不断增加，人们纷纷加强了对于纳税筹划的重视，与纳税筹划问题有关的理论文章、书籍等大量出现。首先，从纳税筹划的理论研究上，根据《国际税收词典》，对于纳税筹划是这样定义的。所谓纳税筹划，就是指纳税人在缴纳过程中，通过采取合理的纳税方式，在合法的前提下，实现纳税缴纳最低化的一个过程。通过纳税筹划的这一概念，简要地说明了企业开展纳税筹划工作的目的以及使用方法等等。

梅格思（1994）在他们的研究中，也对于纳税筹划进行了概念上的确定，所谓纳税筹划，就是企业在符合法律规定的条件下，通过调整税收缴纳方式以及缴纳结构的调整，实现税收缴纳的最小化。这一过程就是税收筹划。在开展纳税筹划之前，企业必须要履行纳税的义务。通过纳税筹划这一概念，进一步明确了企业在纳税筹划过程中的合规性进行了重要分析。

雅萨斯威（1994）在他的文章中，对于企业纳税筹划问题是这样定义的，纳税筹划主要是企业通过财务活动的合理调整，在现行法律法规框架的基础上，提出的一系列关于税收减免等政策在内的各种优惠政策，通过这些措施，能够实现企业税收缴纳的最小化。在这一定义中，更加明确了企业纳税筹划问题的内涵，强调了合理的纳税筹划，在节省企业生产成本、扩大企业盈利水平等方面发挥着重要的作用。其次，从纳税实务的实践上来看，国外学者在对于纳税筹划的案例分析类文章也非常多。目前，增值税已经得到了世界上大部分国家的使用，根据统计，使用增值税方式开展征税的国家就已经超过了180多个。经过这些年的发展，国外已经拥有了非常完善系统的增值税税收征管体系。在研究理论上，关于增值税纳税筹划的文章也层出不穷，在纳税筹划的流程以及实施上，已经非常成熟。通过合理的纳税筹划研究，极大地提升了企业的纳税成本，增强了企业的盈利水平。

帕特里克·索尔思（Patrick C. Soares，1996）在对于财产转让问题的研究过程中指出，企业之间可以通过使用税收减免的方式开展纳税筹划，以此来降低财产转让过程中的纳税额。

希拉·皮尔斯（Shelagh Pearce，2009）通过英国财政法案对于该国增值税征收问题的影响，对增值税的进项税额、销项税额以及税率、退税进行了广泛的研究。

尼尔·欧文（Neil Owen，2009）第一次将企业对于纳税筹划的管理理念提升到了公司整体经营战略管理层面上来，指出企业在追求经济效益的同时，必须考虑到纳税筹划对于企业合理避税、提升资源利用效率等方面的重要作用。

汤姆塞特（E. Tomsett，1989）在他的文章中指出，纳税筹划在降低企业生产成本、提升企业盈利水平等方面发挥着重要的作用，对于企业来讲，合理利用纳税筹划，将会给企业的生产发展带来新的机遇。

哈利·凯里（E. Hurley Kay，1997）在他的文章中指出，企业的纳税筹划思维不仅仅要体现在每一会计时期的纳税问题上，更应该体现在企业生产发展过程的方方面面。比如，在企业建厂选址时，就应该考虑到税收筹划的问题。在地址的选择上，除了要注重企业应该缴纳的所得税税率之外，还应该综合考虑到企业所在地的地理位置、经济发展条件等多种综合因素。

国内对"营改增"政策的研究主要在电力领域,在电网建设领域方面的研究还未发现。

孙作林(2015)通过对万科、雅居尔、绿城等电力企业财务报表数据整理,运用无差异平衡点法计算出税率均衡点为17.8%,提出如果电力企业增值税税率小于17.8%,企业"营改增"后税负会减少,并且认为土地增值税设计存在缺陷,可以考虑将土地增值税和增值税合并,适当提高增值税税率即可以达到要求。

彭晓洁、肖强(2014)假设只考虑营业税和增值税两种税,将电力企业"营改增"前后进行不通税率测算模型的构建,选取20家公司进行税负测算,提出了电力企业增值税税率为11%是最优税率。

吴会国(2015)认为从"营改增"长期发展来看税负不会有太大的影响。

薛文翔(2015)认为"营改增"税负取决于进项税的抵扣,只有电力企业"营改增"在长期发展之后,税负才会达到降低。

邹宇红(2014)则认为电力企业"营改增"开始税负会增加,因为建筑企业原料供应商发票无法提供专业发票,并且建筑企业大量人工成本进项税不得抵扣等使得建筑企业税负增加,从而导致电力企业开发成本的增加。但是随着"营改增"策略的逐渐完善,电力行业整体增值税抵扣系统会更完善,当系统逐渐完善以后,税负会持续下降。

周星(2015)通过对"营改增"前后税负的对比,提出"营改增"后企业税负缩小,伴随"营改增"政策的逐渐健全,将会使整体的增值税扣减系统更完善,税负会持续下降。但是,在电力企业"营改增"初期,增值税抵扣链条并不完善,并且进项税无法抵扣。这是电力税负增加的主要原因。

钟顺东、钟涵宇(2016)通过对某市电力企业案例分析提出了电力企业"营改增"后税负主要取决于进项税抵扣环节，对于财务管理水平要求更高。他认为取得进项税票越多抵扣的越多，税负就会下降，否则税负就会升高。

戚兴国（2016）认为砂石、混凝土等建筑材料发票难以取得、农民工人工费发票无法正常取得等是导致"营改增"后电力企业税负增加的原因之一。

郭爱粉（2015）认为土地出让金、城市基础设施配套、征地补偿等费用以及融资费用等进项税无法抵扣是"营改增"后税负增加的原因。

王玥菡（2016）认为电力"营改增"后税负会上升，一方面是材料从小商户中进货而导致增值税发票抵扣较难。另一方面是许多工人没有专门的劳务公司，也无法取得增值税抵扣发票。

2.2　税收理论的发展及在外国的应用

约翰和梅尔温（John and Mervyn，1979）认为增值税使企业的账务体系更加健全，同时，增值税税收中性的特点使征税更加公平有效率。

梅塞雷和诺瑞戈登（Messere and Norregard，1989）运用部分平衡法估计增值税的影响，发现增值税税负接近于收入的10%，当收入增加时增值税平均税负则有所下降。因此梅塞雷和诺瑞戈登得出结论增值税是递减的。

萨特亚和莫利（Satya and Morley，1997）运用现金流建立起金融服务业增值税税基与抵扣额的计算方法，并将其运用到其他增值税征收难点中去。

迈克尔·基思（Michael Keen）和杰克·明茨（Jack Mintz）讨论了增值税中最关键的也是最具有争议的起征点问题，通过分析收入与成本模拟得出最合适的增值税起征点。

约书亚爱兹曼达和尤辛金·可拉（Joshua Aizemana and Yothin Jinarak, 2008）用实证研究的方法从政治经济中一些结构性的因素评价了增值税征税效率，认为征税效率会被政治经济环境影响，包括加剧的两极分化和政治不稳定都会降低征税的效率。作者以 1970～1999 年来自 44 个国家的数据作为样本计算，得出政权的持续性影响、政治参与的宽松程度和流动性、城市化程度、贸易开放程度与增值税征收效率正相关，而农业所占的份额与增值税征收效率负相关。

2.3 增值税在不同国家的实施效果

西杰布仑·克诺森（Sijbren Cnossen, 1992）运用欧共体成员国及其他经济组织国家的经验数据对增值税覆盖范围、税率选择、税基定义及税负分布进行研究，认为增值税对物价及经济增长有积极影响。

格伦詹金斯和鲁普卡德卡（Glenn P. Jenkins and Rup Khadka, 1998）指出新加坡在 1994 年引进增值税制度，由于新加坡经济的进出口比例很高，且金融行业收入占很大比例这些特征，使得增值税税制在新加坡被进行了很大的修改以适应国家经济运行情况，以此说明增值税也适用于特殊环境的国家，只要结合实际情况合规、可行。

格伦詹金斯，哈迪斯詹金斯和阔春燕（Glenn P. Jenkins, Hatice P. P. Jenkins and Chun Yan Kuo, 2006）认为增值税税负递减这一特性

并不适用于发展中国家的贫困家庭。他们分析了多米尼加共和国2042项不同收入支出水平家庭购买的商品服务来估计合理税率，认为我国当前只有五分之一家庭税负是递减的，若税基确定能更全面的话才能使所有家庭受益。

迈克尔斯玛特（Michael Smart）和理查德本德（Richard M. Bird）对加拿大实施增值税改革的省份进行研究，分析这些省份零售商品营业税改为增值税后消费价格的变化，发现对物价影响不大或者略微下降。

迈克尔金娜和本洛克伍德（Michael Keena and Ben Lockwood，2010）介绍了增值税快速发展的成因及结果，认为其是一种有效的创新税制。同时，通过对25年143个国家样本数据的计算，得出增值税的覆盖率及对税收的影响，结论是除了在非洲中南部以外，增值税都是更为有效的税收手段。

2.4　增值税在我国不同时期发展的研究

魏立萍（1998）认为我国税制改革的方向应该向西方发达国家学习，将流转税和所得税相互融合作为双主体，这样的税收制度能保证国家财政收入，体现政府职能，发挥了双重调节功能，既实现了效率，又体现了公平。

陈燕（2000）认为当时施行的生产型增值税税制存在重复征税的问题，对企业技术创新、改造和进出口贸易的发展造成不利影响。因此，实行增值税转型建立消费型增值税税制已成必然。

路平（2006）比较了我国税制与发达国家的差距，认为我国当时的生产型增值税有许多缺陷，会造成重复征税和税负失衡的问题，可以向发达国家学习施行消费型增值税。

平新乔等（2010）用实证研究方法分析了我国当时的增值税和营业税的税负结构，认为1994年税制改革的设计对于服务行业及中小企业按照营业额全额征税，无法进行抵扣，因此"营改增"会进一步加深对服务业和广大中小企业的税收影响。

樊勇（2012）运用增值税微观税负计算公式与投入产出表测算了2003~2009年第二产业各行业的增值税实际税负和理论税负，定量分析增值税制度的变化对各行业税负的影响程度，研究认为1994年以来我国增值税抵扣制度的变化对各行业的影响程度差异较大，若扩大增值税抵扣范围则有利于缩小各行业间的税负差异，均衡税负，促进各行业之间的公平竞争。

张富强（2013）以上海、北京等"营改增"试点省市为对象进行研究，认为"营改增"不是简单的税种转换，而是复杂程度及面临的困难不亚于1994年分税制改革的，涉及整个税制以及收入分配的深层次改革；因此，"营改增"应是建立在长期的法律制度安排及内在运行机制设计之上，需要有长远的安排及渐进的顶层设计；必须坚持以税收公平为原则的分配价值取向，以便从容应对改革可能遭遇的复杂难题。

曹瑞（2013）将OECD国家的税收制度结构进行分类，以研究国际上发达国家的税制结构发展趋势并得出可以借鉴的经验，以便我国在优化税收制度结构调整时能取得足够的经验。

崔军和朱晓瑶（2014）通过对世界各国税收制度结构的纵向梳理及横向比较，总结出税制转型改革的一般规律，测定出直接税与间接税比例关系的标准；同时分析我国税制演变历程中存在的问题，分阶段、分税种设计了我国税制改革的阶段性与总体的具体步骤与措施。

由此可以看到，我国学者的研究普遍认为当前的税制结构存在缺陷，通过对世界各国税制的研究为新的税制改革设计提供了经验和建议。

2.5　不同行业实施"营改增"影响的讨论

梁依风（2012）模拟测算建筑安装类电力企业"营改增"之后税负的变化情况，从收入、成本、税负等多方面深入分析"营改增"对我国建筑安装类电力企业产生的财务影响，从而针对性地提出税收筹划策略，帮助建筑安装类电力企业做好"营改增"前的准备工作。

程熙忠（2013）认为"营改增"政策会对商业银行的盈利能力产生不利的影响，影响商业银行业务发展结构，制约业务创新能力，但若能有效打通增值税抵扣链条，将对促进商业银行发展产生重要意义；为减少不利影响，可以采取扩大抵扣范围、运用低税率、优化征管等措施使商业银行"营改增"顺利推进。

肖锭（2013）通过对比营业税与增值税征税原理、计税方法的区别，根据试点后的实际情况，研究了"营改增"对物流企业税负及利润的影响，并分析了遇到的实际问题产生原因，对物流企业应对"营改增"提出了对策和建议。

李文、刘晓层（2014）对S航空公司的实际情况及数据进行调查和测算，认为"营改增"非常有利于航空运输企业的健康发展，鼓励其更新固定资产，我国航空运输企业原本存在的流转税重复税问题在很大程度上得到了消除，航空运输企业的税收负担降低，但在制度设计方面仍然存在一定的改进空间。

学者普遍认为"营改增"对各个行业都有积极意义，但短期内会影响企业的税负及利润水平，在"营改增"政策未完善前，企业要做好充分准备，寻找自身发展的突破点。

3 研究相关理论

3.1 国内外全寿命周期成本理论研究现状

3.1.1 国外理论研究现状

早在 19 世纪初，欧洲瑞典就有对铁路系统的全寿命周期成本的分析。20 世纪中后期美国国防部门为了控制导弹系统的采购成本，首先系统的提出了全寿命周期成本（Life Cycle Cost，简称 LCC）的概念。此后美国宇航局将该理论应用于航天飞船等的项目评价中，经过实践验证后，美国军方将其纳入管理规范，在武器采购中必须使用全寿命周期理论。此后欧洲、日本等近现代发达国家逐步意识到其重要性，并对其进行研究应用。

奥克维尔（Ockweil，1990）探讨了某高速公路的全寿命周期造价管理的方法，作者根据公路项目用户众多、项目影响力大的特点提出，具有社会影响力大的项目在进行全寿命周期成本管理时，除了考虑到建设成本、运行成本及维修成本之外，还需要将社会成本纳入计算。

金光民（Kwang min，2004）提出了基于钢结构桥梁全寿命周期成本优化设想，并建立了钢结构桥梁 LCC 优化设计模型，该模型由初始成本和运行成本组成，运行成本包括维修人工费用、零件材料费用、道路使用费用和间接的社会经济变动费用。研究重点提出了钢结构桥梁方案的 LCC 比选模型，将使用箱形梁桥的方案和采取钢板桥方案的两种备选方案进行分析比较，从中选出经济型、可靠性更高的方案。

欧米尔（Omer，2014）将全寿命周期成本理论利用在优化建筑结构设计上，利用粒子群优化法（PSO）中的随机种群和多维优化技术，建立 LCC 模型，自动计算结构设计中外墙和屋顶隔热厚度的最佳值，以及选择玻璃单元的类型。使得商业办公楼可以选择全寿命周期成本和运行能耗最小化的方案。

20 世纪 90 年代以来，全寿命周期成本管理理论在电力行业中逐渐推广，美国将其应用于核电站建设及输电线路运行上，在此基础上将其推广至变压器及低压设备的分析中。

阿马里斯（Amoiralis，2007）研究结合 LCC 理论，将环境因素引入到变压器 LCC 计算中，并将其结果与传统的不含环境成本的计算进行比较，说明环境因素对成本计算的重要性。此外，还对变压器负载曲线、所在电网的具体特性以及其他可能产生影响的不确定性等变压器寿命周期成本中涉及的各种因素进行了敏感性分析，从全寿命周期和环境的角度分析，鼓励电力公司和潜在投资者购买和安装高效配电变压器，使其具有更高的效益。

希诺（M. Hinow，2011）站在降低变电站运维阶段成本的角度，从全寿命周期成本的定义和变电站可靠性计算方法的角度出发，采取建立了遗传计算法模型的方法，并运用计算机对算例进行模拟计算，使得变电站维护阶段的费用最小化。

综上所述，国外电力系统对全寿命周期成本管理理论研究在不断深入：首先，将全寿命周期成本管理理论与设备可靠性相联系，根据不同种类的设备的特点来细化分析，其次，越来越重视环境对全寿命周期成本的影响，增加了环境成本的考虑。

3.1.2　国内理论研究现状

在 20 世纪 80 年代，LCC 理论由海军领头，由二炮、空军积极推广使用，开始了国内全寿命周期成本理论的应用，几十年来在军队中取得实质成效，节约了大量国防经费。1987 年中国设备管理协会成立了 LCC 专业委员会，引进 LCC 技术，从消化吸收到研究推广使用，形成了具有中国特色的 LCC 理论体系。

李卫宁（2014）应用 LCC 理论对军舰的武器供电系统的可靠性进行分析，采用元器件计数法和专家评分法相结合的方法，分析了提高其供电系统可靠性的方法。

李汝霞（2008）在全寿命周期的视角下，针对高速公路全寿命周期中影响的因素众多且不确定因素大的特点，利用蒙特卡罗法建立全寿命周期成本计算模型，消除成本计算中的不确定性，有利于管理者确定每种备选方案完成项目的概率有多大，从而进行方案比选。

随着全寿命周期成本管理理论在国内的推广，在电力行业内也取得了很多理论成果。理论主要应用在电网规划、项目立项等阶段。在这些应用中，主要依靠建立成本估算模型，来对电网规划、项目方案进行选择。

张思文（2017）将 LCC 理论应用于风电项目，在充分研究风电项目的特点后，按照全寿命周期将其分为决策、设计、实施直至报废的五个阶段，通过分析每个阶段的成本构成以及在计算时通过选取适当的变量参数，建立起基于全寿命周期成本理论的风电项目成本估算模型。

刘跃新（2010）从全寿命周期成本管理的视角，从投资、运维成本和设备寿命等电网投入，和电力需求等两方面分析智能电网投资建设对电力企业的影响，并在此基础上构建智能电网成本效益模型，分析了目前国内智能变电站二次系统的全生命周期成本及综合效益。

路石俊（2010）引入盲数理论，把变电站 LCC 中包含的不确定影响因素命名为"盲信息"，将这些无法直接计算的"盲信息"按照其对成本的影响量化，建立了基于 LCC 理论的盲数模型，通过该模型的计算不但可以得出 LCC 的分布区间，还可以得出各个区间的可信度，使得历史数据不全的变电站成本计算更加准确。

苏立佳（2014）参照国内外全寿命周期成本划分原理对我国变电站工程全寿命周期进行了阶段划分，在此基础上建立了全寿命周期成本计算模型，并将价值工程价值优选法引入到变电站工程全寿命周期成本控制中，为变电站工程优选决策中提供了科学有效的成本依据。

此外，越来越多的研究者开始在引入 LCC 理论建立模型时，引入多种影响因素，来提高决策准确度。

蒋跃强（2009）以变电站改造风险评估为依据，结合全寿命周期原理从资产管理的角度进行综合分析。通过建立风险评估模型，分析设备风险和系统风险，对系统风险成本进行量化分析，从而对多方案进行对比、论证及选择和优化，最终对备选的改造方案决策。

杜渐（2013）根据模糊平滑理论和 LCC 理论提出来地下变电站的模糊估算模型，通过该模型可以根据历史数据对新建地下变电站的 LCC 成本进行模糊平滑预测，并结合模糊时间序列法建立起基于 LCC

的变电站电气设备维修策略优化模型，从而优化对地下变电站备选方案进行优选。

徐岩（2015）提出了一种全寿命周期成本用于输电线路改造方案选择的方法，其定量分析每个阶段的成本，寻求全寿命周期成本最小的方案，在保证可靠性的同时减少了电网投资。

综上所述，目前电力行业对全寿命周期成本的研究还存在三点不足。

（1）未采用多目标决策

LCC理论在变电站项目管理中，主要应用在方案比选方面。但是在现实应用时，多数只是片面考虑成本指标，没有考虑变电站作为电力在电网中的传输枢纽，有着电力行业在国民经济生活中不可替代性。部分研究虽然考虑到变电站项目的可靠性等影响，但也是将其中设备的平均故障率及估算强迫停运时间等量化指标带入成本指标计算，没有真正深入研究影响可靠性的因素，从而造成方案评价结果的不准确。

（2）建立LCC模型未选择合适模型

现有的应用LCC理论建立计算模型的方法中，需要大量应用到历史数据。如LCC计算中常用的蒙特卡罗法，就需要首先统计找到所有状态下网络中重载严重的线路以及各重载线路占比例等数据提供支持。就电力工程而言，输配电项目设备材料种类较少、单位造价较为准确，有较多历史数据参考；而变电站项目因其内部设备种类众多，建设及运营期成本构成繁复，且变电站寿命较长，尚未积累足够的经验数据可供参考。因此，在实际应用中需要根据变电站项目特点，合理选择一种合适的计算方法应用于方案比选模型。

（3）缺乏有效的项目LCC管理模式

目前国内电力行业在全寿命周期成本的研究应用方面刚刚起步，

对资产全寿命管理方法和理论研究得较多，但是在现实应用中存在许多问题，以国家电网公司为例，现有的"三集五大"的专业化管理模式，在一个变电站项目的全寿命中各专业人员按照规划、建设、运维检修等专业职责来设置机构，上下垂直管理。在决定变电站全寿命周期的项目前期阶段，各专业缺乏有效沟通机制来获得足够的参考数据。LCC 理论的牵一发而动全身的特点，决定了真正想用好 LCC 理论，必须改变电网公司管理模式，在公司层面的管理制度、LCC 数据库的建立及具体实施办法的制定等基础上全面做好工作。

3.2 增值税的相关理论

营业税、增值税二元税制并行结构一直是国内税收征管中长期存在的模式，两者分别是针对营业额、增值额征收的相关税种。从特征和范围来看存在着不同，但也存在着重叠的地方，这样在征收过程中就出现了重复现象。这样不利于国内税制的发展，同时也使得企业面临着更大的税负压力，尤其是对第三产业产生了不利影响。因此通过施行"营改增"，有助于解决该问题。本章主要解决的问题包括了两个税种的概念、征收中存在的问题以及施行"营改增"政策的重要性、思路等，为接下的研究打好基础。

3.2.1 "营改增"简介

（1）营业税的含义

从新中国成立之后，营业税就是一个重要的税种，在国内税制领域中发挥着重要作用。征收对象为服务业、商业。进入 21 世纪之后，国家对营业税做出了相应的规范和要求。

对于营业税概念的理解，包括狭义与广义两种。狭义上的营业税主要是日常经营当中经常采用的，也就是针对境内采取的应税劳务、销售不动产、无形资产转让中所需要征收的税种，营业税属于流转税。广义上的营业税并没有对范围进行细致的划分，仅仅从征收对象上进行了划分，针对劳务、商品收入的个人或者单位，从其从事的经营活动的营业额中征收的一种税。我国在营业税征收上基于营业全额基础上进行，不同的行业所采取的税目以及税率是不同的。

（2）营业税的特点

本书研究方向主要是狭义上的营业税。从其概念、依据以及税目情况来看，营业税主要包括三个特点。

第一，计税依据为营业额全额。作为商品流转税的一种，采用的是普遍征收的方式，少数部分采用的是余额计税方式，主要包括了建筑业分包与转包、某电力联运等，其他均是采用全额营业额纳税。

第二，不同行业中税目与税率存在着不同。增值税范围之外，所有的业务经营都需要征收营业税。"营改增"的政策颁布之前，国内根据不同的行业类别建立不同的税目。通常对营业税划分为九个税目，包括文化体育、金融、建筑、交通运输、娱乐等。其中娱乐项目税率最高为 20%，其余则保持在 3% ~ 5%，整体水平比较低。

第三，计算过程比较简单，方便管理。除了一部分的业务需要根据余额计税之外，其余大部分的主要根据全额计税。一般采用比例税率在营业税当中，也就是营业收入与应纳所得税之间的乘积，这样计算简单，也方便管理考察。

3.2.2 增值税的含义及特点

（1）增值税的含义

增值税主要用于对增值额进行征收，包括了劳务提供、货物销售等，也有根据货物进出口金额进行征收。其也是流转税的一种。增值税可以划分为三种类型，分别是生产型、消费型与收入型。

第一，生产型增值税。在该类型的增值税当中，通常需要将销售收入扣除不属于固定资产的部分，如动力价款、外购原材料价款等，但是不能够扣除固定资产的税款。该类型在税基上是与国民生产总值相似的。

第二，收入型增值税。该类型的增值税当中，通常需要扣除固定资产折旧的部分，而不能够扣除固定资产净值部分，该部门的增值税方法征收上与国民收入大体相似。

第三，消费型增值税。该类型是可以扣除固定资产生产全体税款的，这与生产、收入两种类型存在着差距。站在社会角度来看，税基是建立在社会消费资料上，实现了从生产向消费型转变的过程。

（2）增值税的特点

大部分国家都是从增值税的普遍性以及其相关定义的角度，来对其课税对象进行分析，课税对象包括三个特点。

第一，具有中立性原则，不存在重复征收。一般来说都是市场实现对增值税的配置，不会出现重复征收的环节，只对增值额进行征收，这样就使得大部分的货物税负具有一致性的特点，存在着公平性。这种方式将会有利于市场公平竞争，实现资源的优化配置。因此税收中立性不会导致对生产经营活动的影响。

第二，具有普遍性。在征收范围上来看，增值税征收的对象和范围包括了商品、劳务的每一个环节，针对提供劳务以及生产活动的个人以及单位，具有普遍性。对象比较广泛，可以是生产批发，也可以是零售、应税劳务等，这将会有助于实现税负公平和统一。

第三，消费者是其最终承担者。增值税看似是对生产者、销售者的征收，事实上最终税款的支付还是由消费者承担。税款体现在商品的价格上，因此企业如果提升成本，必然会提升销售价格。为此消费者购买产品就会付出更多，这样增值税就体现其中。但是通常增值税是不会在财务报表当中体现的，因此纳税人并不将增值税作为企业经营的成本内容。

3.2.3　增值税在我国的发展进程

增值税早在 1979 年就开始在中国推行，历史可以算作"悠久"。受制于当时我国实体经济发展缓慢，政府管理水平还没那么先进，机械设备种类数量十分有限等因素，增值税只在很少的城市，仅对自行车、电扇、缝纫机这三种产品进行试点实行。之后，经过小范围试点实行后，随着经济发展和征管体制的完善，自 1984 年才慢慢开始在全国范围内推广，同时征收范围也扩大到机器机械及其零配件、汽车、机动船舶等 12 类货物产品。

1994 年建立了以税种划分为基础的分税制税收管理体制，其中一项重大变化就是全面推行增值税，形成了以比较规范的增值税为主，营业税、增值税并行，内外统一的流转税制，这次税制变革可以称为新中国成立以来规模最大、范围最广、内容最深刻的财税体制改革。增值税因其"中性税"这一特征显示了其自身优势，成为了我国在商品生产和流通环节征收流转税的主体税种。流转税制的主要格局为：对销售货物或者加工、修理修配劳务及进口货物的增值额征收增值税，对其他劳务、不动产的销售以及无形资产的转让征收营业税。

在此之后，2009年1月1日，我国所有地区、所有行业推行了增值税转型改革，由生产型增值税转为国际上通用的消费型增值税，允许企业抵扣当年新增固定资产中机器设备投资部分所含的增值税进项税金，这一举措解决了固定资产增值税抵扣链条中断而导致的重复征税的问题。

在2011年，经国务院批准，财政部、国家税务总局联合下发营业税改增值税试点方案，从2012年1月1日起，在某某电力和部分现代服务业开展营业税改征增值税试点。至此，货物劳务税收制度的改革拉开序幕。截止至2013年8月1日，"营改增"范围已推广到全国试行。2013年12月4日，国务院总理李克强主持召开国务院常务会议时，决定从2014年1月1日起，将铁路运输和邮政服务业纳入营业税改征增值税试点，至此某电力已全部纳入"营改增"范围。自2014年6月1日起，电信业纳入营业税改征增值税试点范围。截止到2015年6月，除了金融业、建筑业、娱乐业及部分服务业等少数行业，大部分征收营业税的行业，都执行了"营改增"的政策。

据国家税务总局新闻发言人郭晓林在2015年7月27日的新闻发布会中所述，2015年是全面深化改革的关键之年，"营改增"、资源税等各项税制改革将稳步推进。其中，2015年是实施"营改增"的第四年，税务部门按照国务院部署，在做好已试点行业的改革实施和跟踪问效的同时，已经积极做好了剩余行业改革的准备。

（1）"营改增"的运行机制

1994年的分税制改革形成了流转环节营业税与增值税"两税"并

存的局面，普遍在货物流通环节征收增值税，而在服务流通环节征收营业税。两个税种没有交叉、不重复，是一种平行、互补的关系，这种并存的两税体制较为适合中国当时的时代背景，实行了 18 年之久。但是，两税并行的设计存在先天不足，虽然营业税与增值税都是以流转额为基数征收税款的，但增值税是所得收入的增值额作为基数来计算税额的，即以取得销售收入计算的销项税额减去部分外购成本费用所取得的进项税额实行差额征税；而营业税除特殊的规定以外均采用全额征收的办法，以全部营业收入为计算税额的基数来征税，如图 3.1 所示。

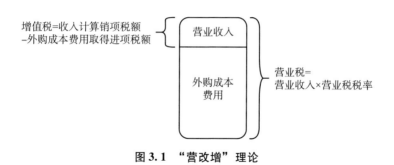

图 3.1 "营改增"理论

值得一提的是，国家曾分别于 2003 年和 2005 年出台过一系列相关文件，包括《中华人民共和国营业税暂行条例》《财政部、国家税务总局关于营业税若干政策问题的通知》《关于做好稳定住房价格工作的意见》，这些文件对部分行业实施营业税按差额征收做出一系列相关规定，内容涉及某电力、建筑业、金融保险业、邮电通信业、文化体育业、服务业、转让无形资产和销售不动产等税目。

《营业税暂行条例》第五条规定，运输企业自中华人民共和国境内运输旅客或者货物出境，在境外改由其他运输企业承运乘客或者货物的，以全程运费减去付给该承运企业的运费后的余额为营业额。建筑业的总承包人将工程分包或者转包给他人的，以工程的全部承包额减去付给分包人或者转包人的价款后的余额为营业额。

《财政部、国家税务总局关于营业税若干政策问题的通知》第一条第十二项规定，服务业，劳务公司接受用工单位的委托，为其安排劳动力，凡用工单位将其应支付给劳动力的工资和为劳动力上交的社会保险（包括养老保险、医疗保险、失业保险、工伤保险等，下同）以及住房公积金统一交给劳务公司代为发放或办理的，以劳务公司从用工单位收取的全部价款减去代收转付给劳动力的工资和为劳动力办理社会保险及住房公积金后的余额为营业额。

营业税的差额征收办法的出台便是考虑到重复征税的问题，为企业减轻了税收负担，是一种粗放型的差额征税管理措施。这种征收方式存在其局限性，一是其仅仅规定了少数几种可用于抵减的情形，未形成完成的抵扣链条，仍存在重复征税问题。二是这种部分抵扣政策给企业纳税调节提供了空间，加大了企业逃避纳税的可能性，易出现税收流失风险。三是营业税税率较低又采取差额征税办法会使部分行业税负过低，造成不同行业间税负不公的情况，打击其他行业发展的积极性。因此，营业税差额征收相比增值税这种征收方式缺少了一点科学性与严谨性。

（2）"营改增"的动因

我国目前正处于产业结构战略调整和经济发展转型升级的关键时期，正在积极培育以第三产业，尤其是现代服务业为主导的产业结构。营业税与增值税两税并行的税收方式打破了商品与劳务在流转时课税方式的统一性，进而形成了课税不公的格局，这样的税制阻碍了我国第三产业的发展，存在着诸多弊端。因此，"营改增"的出台是顺应我国"加快转变经济发展方式"这一要求的必然选择。

首先，营业税不利于我国经济结构转型升级。

我国在"营改增"前普遍在第一、第二产业征收增值税，在第三产业征收营业税。增值税对商品和劳务的增值额进行征税，而营业税则是对营业额全额征税，不允许抵扣进项税额。部分行业征收增值税使得征收的营业税的行业不能抵扣进项税额，税负只能不断向下一环节转嫁，加重了下游行业的负担，从而导致企业为避免重复征税，尽可能拉长纵向业务范围，倾向于"小而长""大而全"的模式，倾向于将服务内部化，对于社会专业化分工的发展方向非常不利，与服务行业的专业化分工发展方向背道而驰，更是扭曲了企业在竞争中的相关决策，不符合市场经济发展的根本要求。服务业等第三产业税负的加重更不利于市场公平，严重阻碍了新兴服务业的发展。

其次，营业税降低了我国在国际市场的竞争力。

征收增值税是国际通行的惯例，当今国际化社会中，仍然继续征收营业税的国家屈指可数。增值税"出口退税、进口征税"机制则能够确保来自不同国家的货物和劳务面进入国际环节有着相同的税负。而征收营业税无法出口退税，导致我国的服务出口含税，违背了国际通行的做法，也使得服务的出口报价国际竞争力被削弱，制约我国劳务参与国际市场公平竞争，难以在国际竞争中占到上风，只能处于劣势。

最后，两税并行为税收征管带来了难题。

由于增值税的管理部门为国家税务局，而营业税则是归地方税务局管理，两税并行造成"国税"与"地税"在征管上产生矛盾，产生不必要的管理成本。此外，随着新的经济形式不断出现，多样化经营越来越丰富，商品和服务捆绑销售行为屡见不鲜，形式也越来越复杂，商品和服务的界限渐渐模糊，因此，要准确划分商品和服务难度逐渐加大，对税收征管水平提出更高的要求，增加了征管成本。

（3）"营改增"的必要性

20世纪90年代中，国家开始实施税务改革。改革中的重点是推动地税与国税间的分离，也就是各个地方管理各自的税收，并将增值税纳入国税征收范畴。对于地方政府，营业税是其主要的财政收入来源。增值税的征税对象主要是修理修配劳务、货物流通等领域，而营业税则面向了广大的服务业领域。即便是如此，两者之间并没有重复的情况。显然这种情况是国家进行税务改革的结果。受到生产力不断发展的影响，目前所存在的营业税与增值税并行的制度难以满足当前的发展需要。

第一，两者之间存在的交叉部分逐渐增加。一方面，增值税主要的征税范围是商品流通，这样可以很好地避免出现重复征税的情况，然而不能够对其征税对象进行很好地把控，容易导致重复现象出现。当然，重复征税并不符合增值税的相关规定。另一方面，重复征税不利于商品市场的自由发展与公平竞争。我国在2010年开始在上海的运输业、建筑业等几个行业开始实施营业税差额征收的方式。该方法很好地避免了重复征税的现象，不过并没有真正的彻底解决重复征收的问题。

第二，增值税抵扣环节存在着断点。理论层面来说，增值税面向商品或者劳务流通过程进行征税，该征收方法会导致不能够抵扣的部分出现重复，同时我国大部分服务业都需要缴纳营业税。从产品属性来看，服务也是商品之一。但是由于服务业并不在增值税的范围当中，所以不能够实现两者间的抵扣，自然就对生产型服务业造成了严重影响。对此国家从 2014 年开始推动整个消费型增值税的发展。不过此次改革仅停留在机械设备上，因此改革范围有限。尤其是固定资产投资当中，一些用于机械设备，另一些则用于安装工程，事实上这一部分难以进行营业税抵扣。因此面临着重复征收的可能。

（4）"营改增"征收方式

根据《增值税暂行条例》和"营改增"的规定，在中华人民共和国境内销售货物、提供应税劳务、提供应税服务以及进口货物的单位和个人为增值税的纳税人。纳税人应当依照《增值税暂行条例》和"营改增"的规定缴纳增值税。

征收范围：增值税的征税范围包括在境内销售货物、提供应税劳务、提供应税服务以及进口货物，其中提供应税服务是"营改增"做出的新规定，扩大了征收范围。

应税服务是指陆路运输服务、水路运输服务、航空运输服务、管道运输服务、邮政普遍服务、邮政特殊服务、其他邮政服务、基础电信服务、增值电信服务、研发和技术服务、信息技术服务、文化创意服务、物流辅助服务、有形动产租赁服务、鉴证咨询服务及广播影视服务。

税率：我国增值税采用比例税率形式。为了发挥增值税的中性作用，原则上增值税的税率应该对不同行业不同企业实行单一税率，称为基本税率。实践中为照顾一些特殊行业或产品也设置了低税率档次，对出口产品实行零税率。而对于小规模纳税人又采用了不同的税率和征收率。

增值税一般纳税人销售或者进口货物，提供应税劳务，提供应税服务，除低税率适用范围外，税率一律为 17%，就是通常所说的基本税率。原本低税率仅 13% 一档，适用于粮食、食用植物油；自来水、暖气、冷气、热水、煤气、石油液化气、天然气、沼气、居民用煤炭制品；图书、报纸、杂志；饲料、化肥、农药、农机、农膜；以及部分农产品、音像制品、电子出版物等。"营改增"之后，新增了两档低税率，分别为 6% 和 11%。

3.3　税务筹划理论

3.3.1　税务筹划的概念

税务筹划也可译为税收筹划、纳税筹划、税收策划等。

对税务筹划的定义有多种其他表述，各种表述虽然在形式上有所不同，其基本意义却是一致的，即税务筹划是纳税人在法律规定许可的范围内，通过对经营、投资、理财等活动的事先筹划和安排，尽可能地减少应交税款的一种合法经济行为。

3.3.2　税务筹划的特征

合法性：从税务筹划的概念可以看出税务筹划只能在法律许可的范围内进行，这也是税务筹划与偷税、漏税的根本区别。

合法性体现在两个层次：一是税务筹划必须在国家税收法律法规许可的范围内进行。国家征税与纳税人纳税在形式上表现为利益分配的关系，经过法律明确其双方的权力与义务后，这种关系实质上已是一种特定的法律关系。然而纳税人可以利用合法手段，在税收法规的许可范围内，采取一定的形式、方法，通过合理安排经营和财务活动来减轻纳税负担。二是税务筹划不但合法，而且符合国家立法精神及意图。这种筹划是在对政府税法体系进行认真比较分析后所做出的纳税最优化选择。它从形式到内容都是合法的，体现了国家税收政策的意图，是税法和税收政策予以保护；并且它着眼于总体的决策和长期的利益，有利于经济主体的长远发展，具有不可逆转的发展趋势。

超前性：税务筹划属于计划范畴，是一种指导性、科学性、预见性极强的管理活动，其目的是减少纳税指出，取得节税利益。

纳税行为相对于经济行为而言，具有滞后性的特点。企业在交易行为发生之后，具有缴纳流转税义务；企业在收益实现或分配之后，才能计算应缴纳所得税；企业在财产取得之后，才缴纳财产税。纳税义务履行的滞后性决定了企业可以对自身应纳税经济行为进行事先的预见性安排，利用税收优惠的规定、纳税时点的掌握、申报方式的配合及收入和支出控制等途径，比较不同经济行为下的税负轻重，做出相应选择。具体来说，事先要根据企业的生产经营特点确定对哪个环节进行筹划，并分析通过哪些方式可以有效降低纳税成本；充分理解和掌握国家税法的立法精神及意图和税法、税收政策应用中具体涉及的政策界限；制定多套筹划备选方案，并根据企业发展的实际需要选择最佳方案。

综合性：综合性即税务筹划应着眼于纳税人税后收益的长期稳定增长，而不能仅着眼于个别税种税负的高低。因为，首先一种税少缴了，另一种税就有可能多缴，整体税负不一定减轻。其次，税务筹划也有成本，筹划的结果应是综合收益最高。再次，纳税支出最小化的方案不一定等于资本收益最大化方案。

时效性：随着社会政治、经济形势的发展和不断变化，各种经济现象变得越来越复杂，调节经济的各种法律也变得非常庞大，且处于不断调整、完善之中。特别是我国处在经济发展较快时期，一些法律、法规和政策将会发生较大变动，这就使得税务筹划必须立足现实，准确把握税收法律、法规和政策所发生的变化，及时调整和更新自己的筹划方案，以获取有利的筹划时机和更大的经济利益。

为此，税务筹划工作应注意两方面。第一，注意针对性。即在具体筹划运作时，要针对企业不同的生产经营情况，开展有的放矢的筹划，要根据国家对不同地区、不同行业、不同部门、不同规模所实行的不尽相同的税收政策，寻找适合自身发展的切入点，制定相应的筹划方案。第二，注意时限性。由于我国改革开放的渐进式模式，我国法律、法规和相关政策在未来一段时间都将不断发展、变化和逐步完善。进行税务筹划也面临机遇和挑战，尤其一些税收政策的适用具有很强的时限，筹划者必须把握良机，及时筹划，投入应用。

3.4　税务筹划与相关概念的比较

税务筹划是通过对经营活动的事先安排和策划，合法地减少纳税支出的行为，它与偷税、避税、节税等行为相比具有本质差别。因此必须了解和区分这些不同概念，把握它们的临界点。这样才能保证税务筹划的合法性，避免违法损失。

3.4.1　税务筹划与偷税的关系

偷税实质上是纳税人有意违反税法的规定，使用欺骗、隐瞒的手

段，不缴或减少税款缴纳的违法行为。税务筹划与偷税有着本质的
不同：

经济行为不同。经济行为上，偷税是对一项实际已发生的应税经
济行为全部或部分的否定，而税务筹划则只是对某项应税经济行为的
实现形式和过程在事前进行某种安排，其经济行为符合减轻纳税的法
律规定。

行为性质不同。行为性质上，偷税是公然违反税法与税法对抗的
一种行为。偷税的主要手段表现为纳税人通过有意识地谎报和隐匿有
关纳税情况和事实，达到少缴纳或不缴纳税款的目的，其行为具有明
显的欺诈性质。但有时也会出现纳税人因疏忽和过失，即非故意而造
成纳税减少的情况，这种情况原来被称为漏税。由于对主观上的故意
和非故意难以做出法律上的判断，我国现行税法不再采用这一法律用
语。这也就是说尽管纳税人可能并非故意不缴纳税款，但只要产生了
后果就是法律不允许的或非法的。而税务筹划则是尊重税法的，它在
遵守税法的前提下，利用法律规定，结合纳税人的具体经营来选择最
有利的纳税方案，当然它也包括利用税法的缺陷或漏洞进行的减轻税
负的活动。税务筹划行为的性质是合法的，至少它不违反法律的禁止
性条款。

法律后果不同。法律后果上，偷税行为是属于法律上明确禁止的
行为，因而一旦被有关征收机关查明属实，纳税人就要为此承担相应
的法律责任，受到制裁。世界上各个国家的税法对隐瞒纳税事实的偷
逃税行为都有处罚规定。而税务筹划则是通过某种合法的形式来承担
尽可能少的税收负担，其经济行为无论在形式上还是事实上与法律规
定都是吻合的，各国政府对此一般都是默许或保护的。如果税务筹划
比较严重地影响到政府的财政收入，对其所采取的措施，只能是修改

与完善有关税法规定，堵塞可能被纳税人利用的漏洞。

对税法的影响不同。对税法的影响上，偷税是公然违反税法，利用虚假的申报减少纳税，因此，偷税是纳税人一种藐视税法的行为，偷税成功与否和税法的科学性关系不大。要防止偷税，就要加强征管，严格执法。而税务筹划的成功则需要纳税者充分理解税法条文和税法精神，同时又要掌握必要的筹划技术，才能达到节税的目的。如果税务筹划在一定程度上利用了税法规定的缺陷，则它会从另一个方面促进税法的不断完善和科学。

3.4.2 税务筹划与避税的关系

避税是指纳税人利用说法漏洞或者缺陷钻空取巧，通过对经营及财务活动的精心安排，以达到纳税负担最小的经济行为。

避税是纳税人利用税法上的漏洞和不成熟之处，打"擦边球"，钻税法的空子，通过对其经济行为的巧妙安排，来谋取不正当的税收利益。而税务筹划则是遵照国家税法的规定和遵循政府的税收立法意图，在纳税义务确立之前为了节税所做的对投资、经营、财务活动的事先安排。避税尽管在形式上是合法的，但其内容却有悖于税法的立法意图；而税务筹划从形式上到内容完全合法，反映了国家税收政策的意图，是税收法律予以保护和鼓励的。

3.4.3 税务筹划与节税的关系

节税亦称税收节减，是指以遵循税收法规和政策的要求，以合法方式少缴纳税收的行为。一般是在不违背税法立法精神的前提下，利用税法中固有的起征点、免征额、减税、免税等一系列的优惠政策和税收惩罚等倾斜调控政策，通过对企业筹资、投资及经营等活动的巧妙安排，达到少缴税收的目的。这种筹划是税务筹划的组成部分之一，节税通常与"绿色""环保""高科技""促进就业"等各国政府鼓励的项目、行业、产业等联系在一起。

税务筹划与节税也不完全相同，逃税和避税也要进行筹划，所以，国际上对税务筹划的定义一般都只提及减少缴纳税收，而不涉及它是否合法。但是在实践和理论中以遵循税法和其中的反避税条款来进行税务筹划，已为大多数国家政府所接收和认可。

我国在实践上是把税务筹划等同于节税的，并把税务筹划明确定义为"在遵循税收法律、法规的前提下，当存在两个或两个以上纳税方案时，为实现最小合理纳税而进行设计和运筹"。

综上所述，偷税、避税、节税和税务筹划的关系可归纳为以下两条：

从行为过程的内容来看，偷税、避税节税的区别在于：偷税是通过违法手段将应税行为转变为非应税行为，从而逃避纳税人自身的应税责任；避税是纳税人对已经发生的"模糊行为"，即介于应税行为和非应税行为之间的，依照现行税法难以做出明确判断的经济行为的发生或事前以轻税行为来替代重税行为，从而达到减少纳税的目的。税务筹划的主要内容是节税，但其筹划过程中比较多地利用了税法缺陷，有避税的成分存在。

从法律处理上来看，对于逃税这种违法行为，法律除了追缴税款和加处罚金外，严重的还要追究刑事责任，包括判处有期徒刑等；而面对避税，由于其不违法，则一般只是进行强制调整，要求纳税人补缴税款，政府要做的是完善税法，堵塞漏洞；但对于节税至今还未有国家制定反节税法或反节税条款，有些国家的税务征收当局甚至还向纳税人宣传节税，因为节税是一种合理的财务行为。由于税务筹划行为的内容涵盖了避税和节税，因此，其行为的法律后果也就包括了避税和节税的后果。

3.5 税务筹划的基本方法

税务筹划的基本方式一般有三种，包括税基式税务筹划、税率式税务筹划、税额式税务筹划。

税基式税务筹划是指纳税人通过缩小计税依据的方式来减轻纳税的筹划方法。税基是计税的根据，在税率一定的情况下，税基越小，纳税人缴纳税款的金额就越低。

税率式税务筹划是指纳税人通过税务的计划来适用比较低的税率，从总体上减轻纳税的方法。

税额式税务筹划是指通过利用税法中减免税的规定来减轻或解除纳税负担的方法。

这三种税务筹划方式，在实际制订税务筹划方案时往往不能截然分开，每一种税务筹划计划中都可能会包括这三种基本方式中的一种或几种，即是混合式的。这三种筹划方式中每一种的运用，都或多或少地与税收优惠政策有关，即同常人所谓的"政策筹划"有相通之处。尤其是税额式税务筹划，它不可避免地要利用税收的优惠政策，几乎可以说税额式税务筹划实际上就是政策性税务筹划。

4 理论和框架分析

现阶段"营改增"背景下的税务筹划、成本控制研究等工作已在电力企业、工程企业以及电网建设企业得到很好的研究，取得了系列研究成果。但针对电网建设项目的"营改增"研究，以及将"营改增"研究与全寿命周期成本控制相结合在电网建设项目管理过程中的研究还处于起步阶段。某公司已完成该项目的投资研究，技术路线的制定以及预期目标的建立，为该项目的顺利完成奠定了基础。

4.1 "营改增"对企业绩效影响的理论分析框架

从盈利能力、发展能力两个方面开展分析，进而研究"营改增"政策下对企业产生影响的相关评价指标。具体各影响因素在"营改增"之后的变化情况，可参见图4.1。

从图4.1中能够明显看到"营改增"之后，每一个要素所产生的影响传递流程，想要更为清楚的了解这一过程，必须针对各个要素开展相应的计算。本书建立在一般纳税人分析上，以 F 作为改革之后进项税可抵扣的外购固定资产不含税价，以 N 作为折旧所选取的年限，而 P 则代表了其他资产不含税价，S 则表示了营业额价税情况。增值税进项税率保持在17%。销项税率则根据不同领域税率不同。如现代服务业为6%，有形动产租赁业为17%，而某电力为11%。通常来说不同的行业情况，所存在的营业税税率维持在3%～5%。所得税税率则是25%。

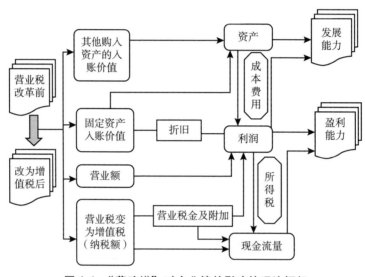

图 4.1 "营改增"对企业绩效影响的理论框架

4.2 对资产的影响

按照会计原则，通常认为在固定资产获得的情况下，主要是企业在购建某一个固定资产的过程中，已经达到了其能够使用时的合理性、必要性的支出。其可能是直接发生的，也可能是间接发生的。前者包括了包装费、安装成本、固定资产价款等，后者则包括了资本化借款利息、外币借款折合差额、其他分摊间接费用等。改革之前的该部分入账价值的计算方法为 F×(1+17%)，政策实施之后则实现了17%F 的下降情况。这部分将会成为增值税进项税额入账。不过这两种存在着很大的差异，将会随着后续折旧的进行，出现减少的情况。其他购入资产也存在着同样的问题。

4.3　对收入的影响

从改革过程来看，之前的营业税具有价内税的特点。一般收入确认时候是含有税价的 S。政策实施之后，增值税成为了价外税，此时对于销售收入的确认公司为 S/1.11。如果这个过程中定价不变，那么将会使得收入减少成为 S − S/1.11。

4.4　对税负的影响

不管是增值税，还是营业税都是教育附加费以及城市维护建设费用的基础，因此如果采用"营改增"政策，必然将会使得两者的费用发生相应的变化。如果两者的比例固定不变，依然定为7%、3%，那么相应的税负情况经过公式计算之后为：

$$3\% S(1+7\%+3\%) = 0.033S$$

"营改增"之后，具体税负计算如下：

$$\left(\frac{S}{1.11} \times 11\% - P \times 17\% - F \times 17\%\right) \times (1+7\%+3\%)$$

$$= 0.109S - 0.187P - 0.187F$$

相应的税负变化情况：

$$1.09S - 0.187P - 0.187F - 0.033S = 0.076S - 0.187P - 0.187F$$

忽视企业所得税条件下，如果 $0.076S = 0.187 (P + F)$，也就是 $S/(P + F) = 0.187/0.076 = 2.46$，"营改增"并没有对税负产生相应的作用。加入是 $S/(P + F) > 2.46$ 时，那么采取"营改增"政策之后，必然将会出现税负的提升。由此可见，可抵扣项目在收入中占到的比重将会直接影响税负的高低水平。

4.5 对净利润的影响

外购的货物及劳务，随着收入的实现计入营业成本，而外购固定资产，随着资产的使用会产生损耗，于是固定资产的价值以计提折旧的形式计入成本费用。

营业税改革前，外购货物及劳务的成本为 $P \times (1 + 17\%)$，固定资产折旧 $F \times (1 + 17\%)/N$，营业税金及附加为 $0.033S$，营业收入为 S。营业税改革后，外购货物及劳务的成本为 P，固定资产折旧 F/N，增值税不得税前扣除，营业税金及附加为 $0.0099S - 0.017 (P + F)$，营业收入为 $S/1.11$。

营业收入减少：$S - S/1.11 = 0.0991S$

此时营业收入税金与附加将会随之降低：$0.0231S + 0.017 (P + F)$

而成本费用减少是：$P \times 17\% + P \times 17\%/N$

具体的利润换为：

$$-0.0991S + 0.0231S + 0.017 (P + F) + P \times 17\% + P \times 17\%/N$$
$$= -0.076S + 0.187P + 0.17F \times (0.1 + N^{-1})$$

对应的利润变化情况是：

$$-0.057S+0.14P+0.1275F（0.1+N^{-1}）$$

4.6　对现金流量的影响

对于现金流量来说往往税额的缴纳变化都会产生相应的影响，而折旧计提除外。此时在外购劳务、货物、固定资产增值税进项税额是可以进行相应的抵扣，最终的增值税情况是 $0.109S-0.187P-0.187F$，政策执行之前营业税是对于现金流量来说往往税额的缴纳变化都会产生相应的影响，而折旧计提除外。此时在外购劳务、货物、固定资产增值税进项税额是可以进行相应的抵扣，最终的增值税情况是 $0.109S-0.187P-0.187F$，政策执行之前营业税是：

$$0.0831S-0.1232P+0.0425F（N^{-1}-3.9）$$

从相关理论分析入手可以看到，"营改增"政策实施之后，我们从外购不含税价 F 固定资产作为分析的对象，那么相应的收入、入账价值等方面都会面临着下降的情况。对于税负走势情况将会受到可抵扣项目比重的影响。受到资产与收入程度的不同情况的下降，以及企业成本的提升，企业盈利情况和水平也不断下滑，另外企业后续发展也受到了削弱。以上的走势仅仅站在理论层面上进行分析得出的结果，事实上受到税率、定价机制、可抵扣进项项目比重情况、行业情况、宏观环境情况等影响，均会使得企业后续发展受到变化。因此应当看到在不同的企业之中，"营改增"产生的效果和作用是不同的。

4.7 "营改增" 对企业盈利能力的影响分析

政策实施前，在采购环节当中所需要缴纳的增值税企业是不能够采取抵扣的，通常是将其视为采购成本。政策实施之后，可以采用购进抵扣制度，此时可以容许进行抵扣，这样就能够有效地避免重复现象，进而降低企业税负。随着试点企业税负的变动，往往还将会受到可抵扣进项税额规模情况、税率水平情况、税收优惠情况等相关联。在进项税抵扣方面比较少或者是没有的企业当中，如果税率提升比较大，那么企业面临的税负将会增加。通常来说所得税的变化，将会受到 "营改增"、税金与附加变化以及利润变化的影响，这些都将会对企业经营活动产生相应的作用。企业盈利因素包括了企业收入、成本情况、现金流量情况、税金情况等。通常来说，关于 "营改增" 实施之后，企业盈利能力变化的主要指标影响因素为：

（1）主营业务利润率

该指标所反映的是在既定的时间当中主营业务利润情况与其净利润之间的百分比。表明了通过主营业务收入能够给企业所提供的利润水平如何，表明了企业依靠主营业务所能够展现的利润能力，该指标是企业管理当中主要的指标之一。而主营业务盈利能力是其利润情况与收入情况之间的百分比。一般该指数如果比较高，那么能够使得产品具有更高的附加值，进而对产品采取科学定价，实施完善的营销策略。此时企业的主营业务在市场当中具有很强的竞争水平，利润比较高，发展空间大。具体指标计算公式如下：

主营业务利润率 = 净利润/主营业务收入 × 100%。

（2）净资产收益率

该指标也被称为是股本回报率。该指标能够体现出企业利润创造的水平。主要是企业利润与企业所有者权益之间的百分比。通常该指标能够表明投资者收益情况。该指标可以充分地反映出企业所有者自身的利润创造水平。具体指标计算公式如下：

净资产收益率 = 净利润/平均净资产 ×100%

平均净资产 = （期初净资产 + 期末净资产）/2。

（3）成本费用利润率

该指标是在既定的时间当中企业当中的三项财务数据之间的百分比，分别是利润总额、利润总额成本和费用总额。该指标表明了在支付了一定的单位成本之后，企业能够获得相应的收益是多少。这也说明了成本耗费将会给企业经营带来较大的影响，一定程度上会决定其经营效果。该指数直接表明了企业财务管理情况。具体指标计算公式如下：

成本费用利润率 = 净利润/成本费用 ×100%。

（4）总资产增长率

这一指标体现了企业资产规模增长的程度，通过当期资产总额与上期资产总额相比较，分析企业这一时期内资产总额数量上的增加与资产总额构成内容之间的关系，关注企业的资产的组成结构和质量，避免盲目追求总资产增长给企业带来的不利影响。具体的计算公式如下：

总资产增长率 = （期末总资产 − 期初总资产）/期初总资产 ×100%。

5 现 状 分 析

5.1 某电力企业基本情况

某供电公司，成立于 1980 年 10 月，主要承担着某市国民经济发展电力供应和部分转供电任务，是某省电力公司所属大型二级供电企业。目前，全公司管辖变电站 20 座；其中，220kV 变电站 1 座、110kV 变电站 10 座、35kV 变电站 9 座。共有主变压器 38 台，变电总容量 968.05MVA。35kV 及以上输电线路 37 条，总长度 554.89 千米，配网架空及电缆线路 95 条，总长度 685.78 千米。公司管辖各类客户 51335 户，报装总容量 172.09 万千伏安。

2008 年，年度售电量达到 41 亿千瓦时，同比增长 8.48%。某电力企业所属电力行业与建筑行业的交叉行业中，既有建筑业的属性又带有电力的色彩。一方面，许多电力施工企业与发电、电网公司有直接的资本纽带关系，属于电力体制中的一员，电力建设又是电力产业链中极为重要的一环；另一方面，电力建设从业务模式到实施方式都是遵照建筑行业的标准与规范执行，电力施工企业按照建筑安装业的税目缴纳营业税，因此电力施工企业会受到两个行业的双重影响。

5.2 行业整体情况简介

电力行业是我国重点的能源行业，因为电能的使用渗透到国民经济和人民生活的一切领域。长久以来，中国电力消费、生产的增长趋势一直与 GDP 增长趋势相一致，与之相适应的，电力基础设施建设也呈现高增长，根据中电联发布的 2014 年全国电力行业运行情况报告所述，2014 年电网工程建设完成投资 4118 亿元，同比增长 6.8%。由此可见，电力传输的重点领域，电网建设方面仍有巨大的潜在市场，除此之外，用户电力设施的建设也有不小的需求，工程数量具有一定规模。

由于电力如此重要的地位，电力建设如此旺盛的需求以及电力工程巨大的市场空间，五大发电公司、电网企业、地方、民营等各路资金都看准机会纷纷杀入电力建设投资市场。较为特殊的是，电力建设工程的业主绝大部分都是发电或电网公司送些大型中央企业，要求电力工程在规划、设计、施工和运行中都必须注意保证电能传输高度的可靠性，这些企业内部有着严格的规章制度及严谨的审查体系，也有一套自己实施流程，掌握绝对的话语权，因此，随着国家对电力结构的调整，电力施工企业面临着发电及电网企业压低工程造价以及业内的无序竞争等多重压力，一些小型企业以及外资企业已经开始退出这一市场。

从电力施工企业的经营方式来看，其所在的建筑业具有流动性强、生产周期长、涉及范围广、产品唯一、资金使用量大等一系列的特点。建筑工程普遍具有劳动力密集的特点，电力建设工程及一些大型工程更具有与资金密集以及技术密集的特点。但是，长久以来建筑行业生产方式较为落后，技术进步比较缓慢，人员总体素质水平不高，利润普遍很低，全行业产值利润率一直在3.5%左右徘徊，个别企业甚至不足1%，经济效益远低于我国第二产业全部行业的平均水平。

一个工程项目包括勘察、设计、施工、监理等多个环节，兼具生产及服务的属性，项目要求复杂，工作量巨大，并不是单靠一个企业可以完成的。因此，一项工程项目需要由多个企业承包完成，或者由某一个大型建筑企业总承包，再将各个模块或子项分包出去，实施企业通过收取承包收入扣除发生成本或分包成本获取利润。

资质等级是建筑企业开展业务的前提，是重要基础条件。具有相应资质建筑施工企业在相应资质的许可范围内从事施工活动，这些资质等级划分为施工总承包、专业承包、劳务分包三个序列。承包具体形式有多种类型，有总包分包方式、联合承包方式、分别承包方式；按承包的工作范围，分为单项承包、工程总承包方式、多阶段承包；按承包的内容可以分为包工包料、包工半包料、包工不包料。

5.3　某电力企业核算方式

5.3.1　收入确认方法

对于某电力企业来说，能够获得的收入便是预决算书所称明的工程价款，确定工程价款的基本依据便是预算定额和工作量再加上相应的税金及利润。预算定额是由国家、地方和行业统一制定的各分项工程每一计量单位所需人工、材料和施工机械台班数量和费用。工作量是以物理和自然的计量单位，按照定额规定的分项工程，表示具体建筑安装王程的结构、构件实物量。

建筑施工企业生产的产品通常是不可移动的固定资产，工程具有造价高、周期长的特点，在工程实施的过程中建筑施工企业往往需要垫支大规模的资金。因此，大中型的工程项目工期短则一年长则四五年，往往在订立合同时就会按照时间进度或者工程进度确定支付工程款的比例，而工期较短且造价较低的工程通常会在竣工后一次性结算工程款。

某电力企业工程项目的业主为电网企业，资金来源充足，能保障款项支付的及时性及充足性，而且电网企业有时会根据内部考核需要提前付款，因此某电力企业通常在收到工程款时会计入"预收账款"科目，并开具发票，在资产负债表日再根据完工进度确认收入，完工进度与发生的成本占总成本的比例一致，收入与成本相互配比，这样的收入确认方式与《国家税务总局关于确认企业所得税收人若干问题的通知》规定的确认企业所得税收入的方法一致。

但营业税法确认营业税纳税义务发生时间与账面确认收入的时间却并不相同，根据《中华人民共和国营业税暂行条例实施细则》第二十五条第二款的规定，"纳税人提供建筑业或者租赁业劳务，采取预收款方式的，其纳税义务发生时间为收到预收款的当天。"简单说来，应缴纳的营业税是根据发票开具的时间及金额来确定的，应税收入实际是已开具发票的金额。

5.3.2 成本确认方法

与其他建筑施工企业一样，某电力企业的财务成本可以分为直接与间接两类，直接费根据实际完成的工作量和预算单价计算，反映直接耗用在建筑工程和设备安装工程上的各种费用的总和，包括了人工、材料、设备使用及其成本费用。间接成本根据直接费数额和管理费标准计算，反映用在建筑工程和设备安装工程上除直接费以外的费用总和。

以某电力企业承接的输变电工程中电器安装工程为例，具体成本构成如表5.1所示。

表 5.1　　　　某电力企业某安装工程成本构成

1.2	装置性材料费
1.2.1	甲供装置性材料费
1.2.2	乙供装置性材料费
2	措施费
2.1	冬雨季施工增加费
2.2	夜间施工增加费
2.3	施工工具用具使用费
2.4	临时施工费
2.5	施工机构迁移费
2.6	安全文明施工费
二	间接费
1	规费
1.1	社会保险费
1.2	住房公积金
2	企业管理费
3	施工企业配合调查费

在工程现场，施工人员的劳务费用属于直接人工。在某电力企业，直接人工费用通常是以劳务分包的形式发生的，即与建筑劳务公司施工队伍签订劳务分包合同，约定实施劳务的人数与价格，如无特殊情况合同不得随意变更。

工程建设中使用的直接材料也是直接费用的一部分，某电力企业承担的电力工程包括变电站的建设、电力通信装置安装或是已有电力设备的改造工作等，因此使用的材料通常为电缆、电源开关、保护装置等电力设备元件，需要时领用并计入成本，这些设备材料一般可以占到整个工程总价的 60% 以上。由于购进材料有增值税发票，但施工企业只能开具普通发票，从税收筹划的角度，主要材料设备通常由电网企业自行采购，施工企业并不负担这部分成本，因此对整个电力工程项目投资预算来说，乙供直接材料比例较小，金额不大。同时，工程建设还需要使用各类专业机械设备，购入的设备按月计提折旧，进入直接成本，而从外部租赁的大型机械设备单独签订合同，发生费用也属于直接成本。

此外，根据直接工程费的金额乘以相关比例，计算出的各项措施费也构成直接成本。措施费是指为完成工程项目施工，发生于该工程施工前和施工过程中非工程实体项目的费用，包括了人工、材料及设备使用的综合成本。

除了直接费用以外，企业还发生各项管理费用，本企业派出员工担任项目经理等职务，对工程施工现场进行监督管理，此类员工分配的工资及工资中按国家规定应缴纳的社会保险费用、住房公积金款及其他保险费用等款项作为间接费用。

直接与间接成本的加总构成了整个工程的实际成本。

5.3.3　工程核算特点

建筑施工企业承接每项工程项目都需要单独核算，因为每个工程项目都有着单件性、变化性的特点，核算对象经常会发生变化，成本费用的分配与归集都必须依据特定的工程对象来核算。因此，每个工程项目横向具有较弱的可比性，各个产品之间差异都很大，只能根据工程预算来分析成本水平。

以 110kV 变电站扩建工程甲为例，该项工程总投资达 1850.28 万元，工程较为复杂，涉及建筑工程及安装工程，施工要求较高，使用的材料设备金额也很大。

该工程各项费用构成如表 5.2 所示：

表 5.2　　　　　　　　　110kV 变电站扩建工程甲总投资构成

单项工程成本费用	金额（万元）	占比（%）
一、建筑工程费	150.06	8
二、安装工程费	248.13	13
二、安装工程费 \ 其中：装置性材料	97.32	5
三、设备购置费	1184.55	64
四、其他费用	226.49	13
四、其他费用 \ 其中：项目建设技术服务费	83.66	4
五、动态费用 \ 其中：建设期贷款利息	41.05	2
合计	1850.28	100

在这项工程中，某电力企业担任总承包商，负责工程项目的设计、施工、试运行（竣工验收）等，但其中占总投资 70% 以上的设备购置

费用以及其他费用，例如勘察费、招标费、项目后评价费等由甲方也就是电网企业提供或承担，因此某电力企业负责该项工程投资的约30%。而110kV变电站扩建工程还包括了站本体、电缆、电源仓、排管、通信等几类，因为站本体工程金额最大，同时包括建筑与安装工程，因此以它为例计算，该工程除去设备购置费的工程相关成本费用如表5.3所示。

表5.3　　　　某电力企业承担的甲工程站本体工程相关成本费用

费用名称			建筑工程费	安装工程费	其他
			金额（万元）	金额（万元）	金额（万元）
直接费用	直接工程费	人工费	10.10	25.64	
		材料费	54.08	8.18	
		施工机械使用费	1.50	30.71	
	装置性材料		0.00	89.53	
	措施费		3.33	14.53	
间接费用	规费		0.07	14.62	
	企业管理费		4.22	18.95	
	施工企业配合调试费		0.00	0.85	
其他			8.37	3.97	
合计			81.67	206.98	64.80

根据工程预决算报告显示，实施甲工程需要发生的成本如表5.4所示，合计353.45万元，再加上相应的税金及利润即构成工程总价款。

对某电力企业来说，甲工程建筑部分成本合计81.67万元，占到总成本60%的业务采用专业分包，施工中发生的主要人工、材料、机械由分包企业负责，B 企业主要派出管理人员对施工质量进行把控，发生管理成本；而甲工程安装部分成本合计达 206.98 万元，装置性材料占比最大，安装工程中采取劳务分包方式，占到除装置性材料之外成本的 40% 左右，劳务分包也涵盖了安装工程中发生的零星材料及机械使用费。除此之外还发生 64.8 万元的其他成本，这主要包括了建设场地征用及清理费、工程结算审核费、项目前期工作费、设计费、工程建设检测费、生产准备费等。因此综合以上数据，某电力企业实施甲工程站本体工程建筑及安装工程将发生成本 353.45 万元，获得收入 398.93 万元，利润情况如表 5.4 所示。

表 5.4　　　　　　　　甲工程站本体工程收入、成本、利润情况

	建筑工程费	安装工程费	其他	合计
收入（合同造价）（万元）	87.43	226.11	85.39	398.93
成本（万元）	81.67	206.98	64.80	353.45
营业税金及附加（万元）	1.22	5.97	4.09	11.27
利润（万元）	4.54	13.16	16.50	34.21
毛利率（%）	6.59	8.46	24.11	11.40
产值利润率（%）	5.20	5.82	19.32	8.57

由表 5.4 可见，某电力企业承接的甲工程总收入为 398 万元，总成本为 353.45 万元，由于某电力企业兼营电力工程设计，设计行业毛利较高达到 40%，因此总的毛利率为 11.4%。而建筑工程毛利率为 4.95%，安装工程毛利率为 8.46%，建筑工程产值利润率为 5.2%，安装工程产值利润率为 5.82%。

按照现有的利润水平，若实施"营改增"且得不到充分的可抵扣进项税额，则很有可能对企业的获利能力发生很大的影响，盈利水平

大幅下降。

5.4 某电力企业项目投资建设阶段现状分析

项目投资建设阶段在对项目全寿命周期中属于成本投入的高峰期，在国内对于该阶段的管理研究已经非常成熟，但是通过多年的建设经验可以发现，在运行维护阶段出现的大多数问题都源于该阶段，因此建设单位仍然需要始终非常重视该阶段的管理工作。

5.4.1 变电站项目投资建设阶段工作内容简介

（1）招标采购阶段

招标采购业务主要包括采购招标环节、监造抽检环节、仓储管理环节和供应商管理环节。本阶段主要工作是通过竞争确定出工程价格，使其趋于合理或下降，同时通过监造抽检环节确保设备的性能、参数符合合同要求，满足项目需要。这将有利于节约投资成本，提高投资效益。

（2）工程建设阶段

作为变电站项目投资阶段的重点环节之一，工程建设阶段的工作是根据建设。

目标，通过将建设要素进行组合，最终完成建设项目。在这一阶段需要严格、标准的管控手段以及标准化的管理体系提升工程质量，同时通过利用变电站典型设计，在一定程度上增强设备的统一性和通用性，便于和运行维护。在工程建设阶段竣工验收过程中，运行单位需提前建立台账，对设备进行信息核对，并把好入口关，确保设备无缺陷投运。

5.4.2 变电站项目投资建设阶段存在问题分析

在招标采购阶段最重要的问题是如何在招标过程中为参与单位打分。由于国家电网公司等电力企业受国企各项指标的影响，在招标阶段往往采用低价中标模式，这在后期控制手段不足时往往会引入不良供应商导致恶性竞争，降低设备质量。这就要严格监造、抽检程序，确保供应商提供的设备、材料达到技术规范书要求。在适当推广应用新方法、新工艺的同时，也必须采用"两型一化""三通一标"，减少后期因变电站设备型号不统一而造成的运行维护成本增加。同时需要物资部门在此过程中要求招标机构在标准中根据全寿命周期管理要求，逐步引入评价机制，将设备运行维护的数据纳入比较。

招标确定设计单位后，一旦确定了最终设计方案，那么就决定了项目所需各类设备材料的型号、数量等参数，进而确定了整个项目的框架。从以往研究可以看出，图纸设计后项目成本已基本确定，在建设阶段具体实施时降低成本的可能性微乎其微，相反因设计不准确而进行设计变更而增加成本的情况比比皆是。因此，加强设计环节的管控，是降低项目投资建设期乃至整个全寿命周期成本的关键。但长期以来，在建设成本管控方面，大多数管理者都将重点放在了具体实施过程对施工单位的控制，造成成本管理付出精力与收获不成正比。

对本阶段成本控制要点做总结，就是建设单位要协调好本阶段各参与单位，特别是协调设计单位采纳运行单位、施工单位等各方意见，同时按照合同规定及时向施工单位和供应商支付各阶段工程价款；物资部门要管理好材料供应商，保质保量、按照时间节点高效供应所需材料；设计单位就项目实施中发生的设计变更等问题及时与施工人员和厂家联系；该阶段运行单位也要提前介入，结合自身要求及运行经验及时提出建议，以达到降低后期运营维护成本的目的。

6 某电力项目研究会计变化

"营改增"政策的推行，是税收制度改革上的一项重要举措。对于电力行业的发展来说，这项政策也有着很重要的意义。但是，就在"营改增"实施之后，电力行业所面临的税负却并没有减少，反而还增加了。在这种情况下，电力企业的财务管理工作变得更加艰难，企业的经营风险也在逐渐加大。因此，在这样的情况下，为了能够促进电力企业的健康、高效发展，电力企业就必须要根据自身的实际情况来采取有效的应对策略。

6.1 关于全面推行"营改增"政策所具有的作用

6.1.1 能够有效地避免税负不均衡的情况

在"营改增"政策全面实施之前，税负不均衡的现象是非常严重的。因为，在当时的环境下，增值税和营业税同时存在，并且，这两种不同的税种所面向的对象也有所不同：增值税的征收对象主要是制造行业，而营业税的征收对象则主要是服务行业。另外，由于这两种税种税率不同，所以为纳税人所带来了不同的税负压力。因此，这样的情况下存在着很明显的税负不均衡现象。但全面"营改增"政策的实施可以促进税制的完善。这样一来不仅可以控制税负差异，而且还可以有效地杜绝重复纳税的现象，确保税制的公平。

6.1.2　能够促进企业竞争能力的提升

相对于营业税来说，增值税具有一项十分明显的优势，即增值税可抵扣。这使得企业的税负极大地降低。另外，全面推行"营改增"政策还可以避免重复征税的现象，从而为社会中的各大企业提供更加广阔的发展空间，促使企业能够在实际的生产中更加地细化分工，企业在市场中的竞争能力便会得到大大地提高。

6.2　对某电力的会计核算工作产生了影响

"营改增"政策的实施，也就意味着营业税被改成了增值税。在这样的背景下，企业的纳税金额也就会发生很大的变化，而这也势必会造成会计核算操作的变化。在现实情况中，针对营业税和增值税的记录存在着很大的差异。而且，由于这两者一种是价外税、另一种是价内税，所以在计算方式方面也存在着很大的差异。因此，在这样的情况下，若是会计人员没有做好这两种计算方法的衔接，那么就很有可能导致核算出错。

6.2.1 企业购进材料及设备的核算变化

征收营业税时，某电力企业在购入材料后，会根据取得购货成本的发票全额计入"原材料"科目。外购的机器设备及服务也根据取得成本，按发票金额全额计入"固定资产"科目。

但实施"营改增"之后核算方式将发生变化，购入的材料根据取得发票种类的不同有不同的核算方式。若取得的是普通发票，与原先一样，还是根据取得的发票全额计入材料成本。若取得的是增值税专用发票，应将发票中不含税金额计入材料成本，将发票上增值税额计入"应缴税费——应交增值税（进项税额）"科目，留待日后抵扣。而购入的设备取得的增值税专用发票也需要将增值税额计入"应缴税费——应交增值税（进项税额）"科目，不含税金额计入"固定资产"。

以一批数量为 3000 个，价值为 1170 万元的 P 型号电缆接头为例，这批材料目前在购进时的会计处理方式为

借：原材料——P 电缆接头　　　　　　　　　　1170

　　贷：银行存款　　　　　　　　　　　　　　1170

假设"营改增"后送批材料能取得增值税专用发票，则会计处理方式为：

借：原材料——P 电缆接头　　　　　　　　　　1000

　　应交税费——应交增值税（进项税额）　　　170

　　贷：银行存款　　　　　　　　　　　　　　1170

施工过程中领用该批材料目前的会计处理方式为：

借：工程施工—合同 1—合同成本（材料费）　　1170

　　贷：原材料——P 电缆接头　　　　　　　　1170

"营改增"后会计处理方式如下：

借：工程施工—合同1—合同成本（材料费） 1000

　　贷：原材料——P电缆接头 1000

由此可以看到，看似简单的核算变化对施工企业的资产总额与工程成本都产生了影响。在设备材料购入时，由于扣除了购入材料的进项税额，因此新增资产的总额会下降。在工程实施中领用材料及计算设备使用费时，在使用相同数量（工时）相同金额的材料或设备的情况下，计入的成本不再包含进项税金额，因此工程成本也会降低。

6.2.2　企业收入确认的核算变化

某电力企业采用完工百分比法确认收入，以实际发生的成本结转，如一项工程总价为2000万元，工程毛利为10%的工程，在承接的第一年末完成了工程成本的40%。

则当年完成的成本 = 2000×（1 – 10%）×40% = 720（万元）

当年应确认的收入 = 2000×40% = 800（万元）当年确认收入的会计分录为：

借：主营业务成本 720

　　工程施工——合同毛利 80

　　贷：主营业务收入 800

"营改增"后，当年确认的合同收入会产生变化，变为 2000×40% = （1 – 11%）= 720.72（万元），而增值税应交税额为 720.72×11% = 79.28（万元）。

会计分录为；

借：主营业务成本 720

工程施工——合同毛利　　　　　　　　　　　　80

贷：主营业务收入　　　　　　　　　　　　720.72

应交税费——应交增值税（销项税额）　　　79.28

值得注意的是，"营改增"后，消耗同样的人工、材料、机械但核算的成本金额由于需要扣除进项税额也可能会发生下降，因此，工程确认的收入与成本金额较之前都会发生变化。

除此之外，由于工程结算的时间、确认收入时间与收款时间互相不一致，金额也有差异，存在实际工程款未到位，但销项税额已经上交的可能，若金额庞大将对企业的经营性净现金流造成影响，为获得资金，企业可能会采用贷款等各类方式，这样又增加了资本成本，对企业造成负担，产生不利影响。

6.3　对电力企业的税负产生了影响

在全面推行"营改增"政策之后，电力企业就属于增值税的一般纳税人。在这项政策实施之前，一般纳税人在经营服务的过程中所产生的增值税进项税额是不能够被抵扣的。此时一般纳税人的税收数额会相对较大，给纳税人带来很大税负压力。而随着"营改增"政策的全面实施，服务业所产生的增值税进项税额就可以在一定的范围内进行抵扣，这使得纳税人的税负压力大大减小。但是，从另外一个角度来看，在实施"营改增"政策之前，电力企业的营业税税率为3%，而在全面实施"营改增"政策之后，电力企业成为了一般纳税人，税率变成了11%，虽然可以用进项税来抵扣，但是却依旧存在一些问题。比方说，从原本就已经形成合作关系的小规模供应商来看，他们通常都是无法为电力企业提供增值税专用发票的。这样一来，电力企业就会面临很大一部分的进项税损失，从而导致企业的税负受到影响。

6.3.1 对直接成本的税负影响

从"营改增"后的销项税额来看，建筑安装相关的收入按照11%征收增值税，税率上比原先3%的营业税高出8个点。但是由于存在进项税额抵扣，增值税相对于原营业税的变动额还是主要取决于进项税额。

从进项税额来看，电力施工企业目前能够取得销货方或提供劳务方开具的增值税专用发票的项目主要包含在工程直接费用（合同成本）中，有直接材料费、装置性材料费、机械使用费中的修理费、油料费、运输费等，以及为满足生产施工而新购置的机器设备等固定资产。此外，工程若实行劳务分包，大型的建筑劳务分包公可以取得增值税专用发票作为进项税额抵扣。

但是在实际操作中，支付的成本费用取得增值税专用发票的难度不小。

一是材料采购方面，主要的施工设备及材料均由甲方电网企业自行采购，某电力企业无法获得这部分材料的进项税额抵扣；另外，某电力企业的业务通常是流动的甚至需要跨地区施工，材料供应商相对来说比较不固定，可能遇到小规模纳税人无法开具专用发票的情况。此外，根据《财政部、国家税务总局关于部分货物适用增值税低税率和简易办法征收增值税政策的通知》的规定，一般纳税人销售自产的建筑用和生产建筑材料所用的砂、土、石料；以自己采掘的砂、土、石料或其他矿物连续生产的砖、瓦、石灰（不含黏土实心砖、瓦）；自来水以及商品混凝土（仅限于以水泥为原料生产的水泥混凝土），可选择按照简易办法依照征收率计算缴纳增值税。因此，实际中大量材料可能会得不到可抵扣的进项税额，实际可抵扣进项税额远小于理论值。

二是施工使用的机械设备方面，某电力企业为满足资质管理条件已基本购置齐全正常电力工程施工所需设备且近期内更新换代的可能性不大，因此新购置固定资产设备取得可抵扣的进项税额也十分有限。另外，某些特种设备需要向其他企业租赁使用。出租企业在实施"营改增"之后增值税税率改为17%且没有可抵扣税款，因此租赁企业或将税负转嫁，或转为小规模纳税人。对某电力企业来说，缺少可抵扣的进项税额或者增加成本都会对企业的生产经营产生不利的影响。

三是在工程分包方面，电力施工企业乃至建筑行业普遍采用劳务分包和专业分包。其中，劳务用工主要来源于成建制的建筑劳务公司及零散的农民工，这些劳务企业作为建筑业的一部分，取得劳务收入按11%计征增值税销项税却没有进项税额可抵扣，与原先3%的营业税率相比增加了8%的税收负担，劳务公司作为微利企业必将税负转嫁才能生存。而一些个体户分包商达不到一般纳税人认定标准，无法开具增值税专用发票，这部分分包成本的进项税额也无法抵扣。

需要注意的是，由于"营改增"新增加了两个低税率，因此获得的可以抵扣的进项税发票税率并不都一致，如安装工程中使用的装置性材料以及建筑工程使用的原材料税率为17%，总承包企业获得的设计费发票税率为6%，工程分包可能取得的发票税率可能是6%或11%，但总的来说，进项税额的确定还是取决于工程施工中所能取得增值税专用发票的成本数所占的比重。

6.3.2 对附加税费及所得税的影响

实行"营改增"后营业税征收范围变窄，由于大量收入的征收税种由营业税改为增值税，因此应交纳的营业税额会大幅减少。营业税金及附加是根据实缴的营业税为计税依据而征收的城市维护建设税（7%）、教育费附加（3%）、教育费附加（2%）及河道清理费（1%），除此之外还有印花税等零星税费，因此建筑施工行业的营业税综合税率为3.84%，这些营业税金及附加在利润表中体现。征收增值税仍需缴纳相关附加税费，税率相同，但是根据实缴的增值税为计税依据，会计核算中计入应交税费相关科目，在报表中不再体现。因此，"营改增"后应缴纳的流转税额发生变动，导致企业所缴纳的附加税费相应发生变动。

由于"营改增"会导致收入成本发生变化进而导致利润改变，因此企业所缴纳的企业所得税也会随之受到影响。

收入的变化：缴纳营业税时，企业取得并确认的收入与开出的发票金额总额一致，也是收到的实际价款。而由于增值税是价外税，确认的收入则需要减去销项税额的部分，变为不含税销售额，由此，签订同样的工程合同，当改征增值税后确认的收入将小于原先。

成本的影响：同样的，原先计入工程的成本包含了营业税、增值税等各类税费，送些税费在计算企业所得税时可以在税前列支。但若改征增值税后，确认的成本将改变为扣除进项税额的成本，若下游企业也实施"营改增"则扣除的成本将会更多，此外，由于"营改增"后，新购入的固定资产进项税额也可以抵扣，因此计算固定资产的成本也会发生变化，每月计提的折旧金额也会改变。综合以上，改征增值税之后将会影响确认成本的金额，相同的项目成本可能会减小。

6.3.3 营业税金及附加的影响

营业税及附加税费可以在计算企业所得税时税前扣除，而增值税却不能，同样附加的城建税、教育费附加等附加税费也不能再税前扣除，因此这一变化也将对企业所得税的产生影响。

由于收入变化的幅度与成本变化幅度并不一致，因此并不能判断"营改增"会使企业所得税增加或减少，但在核算中不能忽视以上的几个因素。

6.4 对电力企业的财务报表产生了影响

对于任何企业的财务工作来说，财务报表都是其中非常重要的组成部分。而全面推行"营改增"政策对电力企业的影响，也在很大的程度上体现在财务报表上。首先，在实施"营改增"政策之前，在利润表的编制中，主营业务收入项目中所表示的金额都是包含着有营业税的。而在实施"营改增"政策之后，主营业务收入中所表示的金额都是抵扣增值税之后的金额。如果电力企业的业务总量并没有增加，那么相对之前的收入来说，现在的收入额其实是减少的。其次，在实施"营改增"政策之前，电力企业在日常运行过程中所取得的各种成本费用发票都会直接计入成本费用当中，而在实施"营改增"政策之后，成本费用所取得的发票还需要扣除进项税额之后才予以计入。相对之前来说，电力企业的成本费用有所减少。由此一来，企业的财务报表也就会发生一定的变化。

在衡量企业绩效水平的诸多要素中，首推企业的盈利能力，表现这一关键要素的财务指标包括净资产收益率、每股收益和总资产净利润等，如果"营改增"政策能够使得评价公司盈利能力的财务指标增强，完全可以在理论上推断政策增强了公司的盈利能力，进而提高了企业绩效。

6.4.1　表现企业盈利能力的主要指标

（1）净资产收益率

净资产收益率最能表现企业创造利润的能力，指标的变化取决于企业创造的利润和所有者权益的额度，从某种意义上讲，也反映出资本的安全程度，因为在利润相同的情况下，净资产占总资产的比例越高，企业的财务结构越安全，财务风险就越低：

净资产收益率 =（本期净利润/本期平均净资产）×100%

一般来说，负债增加会导致净资产收益率的上升，但借入的资金过多会增大经营风险，所以企业需要适当运用财务杠杆以提高资金的使用效率。

（2）每股收益

每股收益可以反映出股东在一个财政年度内每股的收益与亏损情况，是投资者考察企业效益、决定是否对其投资时参照的重要依据，若总股数不变，关键因素是企业的税后利润之大小：

每股收益 =（本年净利润/普通股份数）×100%

（3）总资产净利润率

又称总资产收益率，是衡量企业利用负债和所有者权益对资产综合利用效果的一个指标，也是体现企业取得盈利的重要指标：

$$总资产净利润率 = （净利润/平均总资产）×100\%$$

6.4.2　对企业盈利能力影响的分析

以上三个指标归纳起来，都是利润与资产或股数的比值。在资产与股数不变的情况下，考察营业利润的变化，就可以反映出"营改增"对电力业盈利能力的影响。在财务指标的关系上，营业利润等于营业收入与营业成本之差。企业提供的服务是"营改增"的应税服务，也是电力业的主营业务，因此主营业务利润等于主营业务收入与主营业务成本之差。对于上述净资产收益率、每股收益和总资产收益率三个指标，我们可以通过考察主营业务收入和主营业务成本的大致变化趋势，对其做出大致的推断。

（1）主营业务收入若"营改增"前企业的营业收入为 R，则"营改增"后核算营业收入时扣除价外税—增值税后，营业收入变为 $R/(1+11\%)$，由此可见理论上"营改增"政策会导致电力业的主营业务收入减少。

（2）主营业务成本电力业的主营业务成本由两部分构成：第一部分为固定资产、不动产等折旧形成的固定成本；第二部分为燃油费、维修费、人工薪酬及保险费等组成的变动成本。由于"营改增"后电力业新购置的固定资产允许抵扣进项税（2016 年 5 月 1 日以后购进的不动产虽允许抵扣进项税，但不在我们研究的时段之内），固定资产入账价值减少带来计提折旧形成的固定成本随之减少；与此同时，若人工费和保险费等因素保持不变，燃油费和维修费等在取得进项税抵扣后也减少了计入变动成本的金额。因此，理论上主营业务成本总体是减少的。

经过以上分析初步得知，组成主营业务利润的两个要素都有所减少，但进一步探讨，主营业务收入中的销项税按11%的税率计算，而主营业务成本中所含的进项税则是按17%的税率扣除，两者在税率方面存在明显的差异，自然会导致两个要素的减少幅度也会不同，相比之下，主营业务收入减少的幅度要低于主营业务成本减少的幅度，因此可以在理论上得出"营改增"将导致电力业主营业务利润有所上升的结论。分子变大，分母不变，主营业务利润与资产或者股数的比值的百分比就会升高。由此推断，"营改增"政策将促进电力企业的盈利能力有所提升。

6.4.3　对企业营运能力的影响

营运能力是指企业的经营运行能力，即企业运用各项资产赚取利润的能力。为实现利润和股东财富最大化的经营目标，就需要提高资产的周转效率。有很多指标可以对营运能力进行衡量，除总资产周转率和流动资产周转率外，固定资产周转率也是评价营运能力的一个重要指标。

表现企业营运能力的主要指标有：

（1）总资产周转率

总资产周转率表征了企业总资产的运转效率，对于拥有相同总资产的不同企业，该指标越高，意味着该公司的运营能力越强：

$$总资产周转率 = （营业收入／总资产）\times 100\%$$

（2）流动资产周转率

流动资产周转率是指一定时期内单位流动资产平均占用额完成产

品营业额的百分数，它是在总资产周转率的基础上，按照资产流动和固定的属性，单独考量流动性资产的利用率。一般情况下，若该指标高，说明资产的流动性好，一定程度上相当于流动资产的投入，达到了节约流动资金的效果；若该指标低，则需要企业补充流动资金参与周转，等效于形成资金浪费并降低企业的营运能力：

流动资产周转率 ＝（营业收入/流动资产平均占用额）×100%

（3）固定资产周转率

固定资产周转率是一个财政年度内单位固定资产的营业收入，也可以理解为每一元固定资产所支持的营业收入。电力业的固定资产主要包括厂房、设备与运输工具，对其管理和利用的如何，可以直接衡量一个企业的营运能力水平：

固定资产周转率 ＝（营业收入/固定资产）×100%

在总资产周转率、流动资产周转率和固定资产周转率中，基于数据的可获得性，我们选择对固定资产周转率的分析代替政策对企业营运能力影响的研究。

（4）营业收入

如前文所述，电力是国家的基础产业，一定程度上受国家的管控，供需弹性较低，因此电力业服务价格会比较稳定。理论上讲，"营改增"政策对电力业的营业收入不会产生过大的影响，营业收入能够维持在一种相对稳定的状态。基于本节前面的讨论，"营改增"后营业收入会稳中有降。

（5）固定资产净值

固定资产净值是指固定资产原值减去计提的折旧并扣除减值准备之后的余额。由于消费型增值税政策允许购置的固定资产有进项税抵扣，因此固定资产入账价值减少，在保持折旧方法与折旧年限不变的前提下，固定资产的总额发生了减少的变化，按期计提的折旧也会相应减少。排除减值准备的影响因素，虽然固定资产入账价值与每期折旧同时减少，可以证明，两个指标的减少并不同步，减少的速度与幅度各不相同，最后结果是固定资产的减少幅度远大于其折旧额。举一个简单的例子来说明，假如某企业购入生产用固定资产的含税价款为117万元，折旧年限暂定10年，忽略减值准备的影响后，固定资产的净值得到明显减少（105.3 – 90 = 15.3；11.7 – 10 = 1.7），见表6.1。

表6.1 　　　　　　　折旧额减少与固定资产减少对比　　　　　　单位：万元

	设备价税款	入账价值	折旧年限	年折旧额	一年后资产净值
"营改增" 前	117	117	10	11.7	105.3
"营改增" 后	117	100	10	10	90

　　由以上分析得知，"营改增"后，电力企业的营业收入会有所下降，而平均固定资产净值则也会有所减少。分子与分母同时减少，而各自的减少幅度并不确定，由此推断"营改增"政策对电力业固定资产周转率的影响理论上并不确定，同理对公司营运能力的影响理论上也不确定。

6.4.4　政策对企业偿债能力的影响

　　企业的资本结构由负债和股东投资（所有者权益）共同组成，负债和股东投资一样，也是企业资本的重要组成部分。考量企业的偿债能力，最重要的是看资产负债率，它揭示了债务占公司总资产的份额。基于负债比重的重要性，企业必须按期制定"资产负债表"向投资者、债权人和社会披露，接受各界的监督，也用于企业自身的预警及自控。由此不难看出，偿债能力是考量企业绩效不可缺少的一个方面。

（1）速动比率

速动比率定义为速动资产与流动负债比值的百分数。其中速动资产不同于流动资产，它只是流动资产中可以立即变现用于偿还债务的那部分，一般包括货币资金、短期投资、应收票据、应收账款、预付账款，而存货及 1 年内到期的非流动资产不应计入。通常情况下，企业的速动比率应该 >100%，否则万一公司周转出现问题，急需还钱时，若因速动比率过低，一时资不抵债，将导致公司破产：

$$速动比率 = (速动资产/流动负债) \times 100\%$$

（2）资产负债率

资产负债率是企业举债经营比例最直观的表述。但分析一个企业的还债能力，不应只看负债比例一个指标，还要参照公司的性质、净现金流入、经营范围和主要产品，连同企业的流动负债、速动比率综合分析。资产负债的比率在什么范围比较适宜，通常债权人、股东和经营者站在不同的立场各有见地，一般认为，适宜水平是 40%～60%：

$$资产负债率 = (总负债/总资产) \times 100\%$$

6.4.5 政策对企业偿债能力影响的分析

（1）负债总额

如果"营改增"后电力业的税负出现了暂时性加重，其结果会导致现金流出增加，在股东不追加投资的情况下，企业只能寻求外部的债务融资来满足运营的资金需求，导致负债的增加。为使"营改增"政策平稳过渡，政府提供了过渡性财政补助资金，理论上能够弥补

"营改增"后企业面临的暂时性资金短缺，缓解依靠债务融资来获得资金的局面。但毕竟制定政策与落实政策之间存在距离与过程，过渡性财政补贴在实践中不可能被每一个在改革中税负增长的企业都享受到，初步判断"营改增"政策将使企业的资产负债率略有上升。

（2）资产总额

"营改增"前电力业缴纳营业税，购置固定资产没有进项税抵扣，试行"营改增"政策后，企业购置的固定资产允许进项税抵扣，提高了公司加速设备更新的积极性，可能会增加主营业务所需的固定资产的购置，进一步使得公司的资产总额有所增加。资产总额增加的资金来源有两种情况：第一种是股东追加投资，此种情形极为少见，此时资产负债率下降，提高了企业的偿债能力；通常的情况是第二种，即负债融资，比如发行债券或者银行贷款，总资产增加的同时，负债也同时增加，分子、分母同时增加一个正数，在数学上不难证明，该分数数值将变大，即企业的资产负债率将上升。

综合负债总额与资产总额的分析，"营改增"导致企业资产负债率上升，因而在理论上可以推断"营改增"对电力企业偿债能力有所削弱。

"营改增"的目的之一是推动企业转型升级，使经济保持持续的发展动能。反映企业发展能力的主要指标是企业的总资产增长率和净利润增长率。

（3）总资产增长率

是反映企业发展能力的基本指标，在数量上等于本期资产变化量与期初资产比值的百分数，企业在资产增长时应从长远考虑，做好规划，尽量避免盲目增长，注重培育后续发展能力。

总资产增长率＝［（期末总资产－期初总资产）/期初总资产］×100%

（4）净利润增长率

净利润增长率是反映企业发展能力的基本指标，净利润本身是应纳税所得额与所得税的差值，其大小自然由这两个因素直接确定，净利润指标大小及其增长率最直观地体现了企业经营成果、企业发展能力及企业绩效。

净利润增长率 = [（本期净利润 − 上期净利润）/上期净利润] ×100%

6.4.6　对电力业发展能力影响的分析

上文已经提及，"营改增"后购置交通工具等固定资产时政策允许进项税抵扣，这必定刺激企业加快设备更新换代的积极性，无可置疑，"营改增"后电力业的资产投资规模会更上一层楼；另已提及，购置固定资产、不动产的资金源于增加股东投资和负债融资两个渠道，不管何种方式，结果只有一个，那就是总资产的增长，由此可见"营改增"对企业总资产增长率有促进作用。

接下来分析第二个指标净利润增长率。由于"营改增"前后所得税税率并没有变化，况且政策主要影响的是电力业的主营业务，因此不考虑营业外收支的影响，以营业利润代表利润总额，根据利润表内的勾稽关系，营业利润 = "营业收入 − 营业成本 − 营业税金及附加"。由本节第一条分析已知，营业收入与营业成本同时减少，但减少幅度不同，营业收入的减少幅度相对较小。此处的另一个因素是"营改增"后电力业的主营业务不再征收价内税，营业税金及附加减为零。营业收入减少幅度小、营业成本减少幅度大和营业税金及附加减为零，营业利润明显得到提升。总资产增长率与净利润增长率同时增长，综合评价的结果是"营改增"对电力业的发展能力理论上倾向于积极的影响，这恰与"营改增"政策效果的设计初衷高度吻合。

综合以上分析，"营改增"政策对电力企业的盈利能力和发展能力的影响倾向于积极，对偿债能力的影响表现消极，对营运能力的影响尚不明朗，理论分析的初步结论是"营改增"政策对电力业经营绩效的影响略倾向于有利。但这只是一个定性的分析，事实上企业的各项指标都是变量，每时每刻处于动态，具体影响效果尚有待于双重差分的实证分析。

7 "营改增" 对电力业税负影响的理论测算

我国的流转税中包含营业税、增值税和消费税，电力业一般不涉及消费税，所以在此不予讨论。

"营改增"后，一般纳税人允许进项税抵扣的生产成本占生产总成本的比例，即可抵扣占比，成为关键指标。根据"营改增"的现行政策，允许进项税抵扣的有两大项，即购入生产经营用的固定资产、不动产和规定范围内可以进项税抵扣的变动成本，如燃油、维修费和轮胎配件等费用。

电力企业的固定资产价值高，使用年限长，全部采用直线折旧法。不动产的进项税抵扣自 2016 年 5 月 1 日以后执行，不在我们讨论的时段之内，因此本书在下面的推导中皆不予考虑。

7.1 "营改增" 对某电力税负测算设定

假设所有允许进项税抵扣的成本全部取得了增值税专用发票，增值税税率为 17%，生产成本为 C，可抵扣成本为 D（含税），不可抵扣

成本为 B。为说明问题方便，以下将营业税、增值税及两税各自的附加并称为流转税。

7.1.1 "营改增"后流转税税负的变化量

按照国家营业税征管政策，"营改增"前企业缴纳营业税的税基为营业收入 R，税率为 3%，应缴营业税税额为 $R \times 3\%$，附加税分别为城建税 7%、教育费附加 3%，"营改增"前应缴纳的流转税税负 Y：

$$Y = R \times 3\% (1 + 10\%)$$

根据增值税的征收原理和征管政策，"营改增"后企业缴纳的增值税税基为不含税的销售额 $R/1 + 11\%$，税率为 11%，其附加税分别为城建税 7%、教育费附加 3%。依据一般计税法，"营改增"后应缴纳的流转税税负 Z = 销项税额 – 税法准予抵扣的进项税额：

$$Z = [R/(1 + 11\%) \times 11\% - D/(1 + 17)] \times (1 + 10\%)$$
$$= (R \times 9.91\% - D \times 14.53\%)(1 + 10\%)$$

"营改增"后流转税税负的变化量为

$$Z - Y = (R \times 6.9\& - D \times 14.53\%) \times 1.1$$

设置中间变量 $A = D/R$，其经济学意义为单位营业收入的可抵扣成本，则

$$Z - Y = 1.1R(6.91\% - A \times 14.53\%) \times 1.1$$

设置中间变量 $A = D/R$，其经济学意义为单位营业收入的可抵扣成本，则

$$Z - Y = 1.1R(6.91\% - A \times 14.53\%)$$

假设"营改增"后企业流转税税负保持不变，令上式等于零，

解出：

$$A = 47.56$$

我们把 $A = 47.56\%$ 称作企业流转税税负变化的平衡临界值，此时改革前后流转税税负增长为零。当 $A > 47.56\%$ 时，企业的流转税税负下降，当 $A < 47.56\%$ 时，企业的流转税税负上升。

7.1.2 "营改增"后应纳税所得额的变化量

此处忽略营业外收入和营业外支出，只考虑主营业务的税前所得额。则"营改增"前企业的应纳税所得额 QN 为：

$$QN = R - C - 流转税负$$

$$QN = R - D - B - R \times 3\% \times (1 + 10\%)$$

"营改增"后企业应纳税所得额 HN 为：

$$HN = R / (1 + 11\%) - D / (1 + 17\%) - B - 应纳增值税额(1 + 10\%)$$

"营改增"后企业应纳税所得额的变化量为：

$$HN - QN = R / (1 + 11\%) - D / (1 + 17\%) - 应纳增值税额 \times 10\% -$$
$$R + D + R \times 3\% \times (1 + 10\%)$$

$$HN - QN = (D \times 14.53 - R \times 6.91\%) \times 1.1$$

$$HN - QN = 1.1R \times (A \times 14.53 - 6.91\%)$$

上述两式比较可知，"营改增"后企业的应纳税所得额变化量与企业的流转税税负变化量呈等额反向运动，即"营改增"后，如企业流转税税负下降，则企业的应纳税所得额等额上升；如企业流转税税负上升，则企业应纳税所得额等额下降。

7.1.3 流转税税负变化量对整体税负的影响

由上节可知,"营改增"后企业的流转税税负变化量与应纳税所得额的变化量呈等额反向运动,即 $A = 47.56\%$ 既是流转税税负变化量的平衡临界值,同时也是企业应纳税所得额和所得税税负变化的平衡临界值,即 $A = 47.56\%$ 时,三者都没有变化量,当流转税税负有一个变化量时,则应纳税所得额随之出现一个相反方向的等值变化量,相应的企业所得税税负也出现一个与应纳税所得额变化量同方向的变化量 S。已知"营改增"前后的企业所得税税率均为 25%,则:

$$\Delta S = 1.1R(A \times 14.53\% - 6.91\%) \times 25\%$$

$$\Delta S/Z - Y = [1.1R(14.52\%A - 6.91\%) \times 25\%] \div$$
$$[1.1R(6.9\% - 14.53\%A)] = -25\%$$

上式表明,在企业盈利的情况下,"营改增"后企业所得税税负与流转税税负升降呈反方向变化,流转税税负每上升 100 元,所得税税负下降 25 元,综合计算,企业总体税负净增 75 元,用数学式表达为:

$$100\% + (-25) = 75\%$$

由此可见流转税税负的升幅远远大于所得税税负的降幅,即企业应纳税所得额下降所导致的所得税税负的下降并不能完全抵消流转税税负增加给企业带来的负担,我们把 0.75(75%)定义为流转税税负变化量对总体税负变化量的影响因子。

综合本节的推导,"营改增"后企业的税负走向取决于平衡临界值 A,而 $A = 47.56 = D/R$。行业不同,D 值也不一样。电力行业 $D = 47$。如果按平均营业成本占营业收入的 80% 计算,即 $C/R = 80\%$,则得出可抵扣占比 $D/C = (R \times 47.56\%)/(R \times 80\%) = 59.45\% \approx 60\%$,此结果表明在不考虑固定资产、不动产购进的情况下，只有生产成本中的可抵扣成本接近时60%，才能保持"营改增"后税负持平，如此高的可抵扣占比在目前政策允许的范围内难以达到，由此导致企业"营改增"后税负上升。

7.2　基于 DID 模型的某供电公司"营改增"实证分析

7.2.1　DID 模型原理与优势

（1）DID 模型的原理

DID 即双重差分模型的简称，是当前计量经济学界克服模型内生性影响的主流方法，可以有效地应用于评估政府政策的影响效果。"营改增"自试点开始到全面实施，这一政策可以被看作是一个外生事件，因为企业不太可能通过事先了解到"营改增"政策而进行迁移，况且我们在选择样本时还可以使用平衡面板数据将这类企业剔除。因此，我们借鉴于自然科学中"自然实验"的方法，将调查样本分为两组：一组是政策作用的对象即处理组（treatment group）；另一组是非政策作用对象即控制组（control group）。设置虚拟变量 P 和 Y 分别表征是否为处理组以及何时进入处理组，当作用对象在政策试点地区以及试点年份之后时，两个虚拟变量取值1，否则取值0，由此得到 DID 的基本模型与原理：

$$y = \beta_0 + \beta_1 P \cdot Y + \beta_2 P + \beta_3 Y + \varepsilon$$

表 7.1   双重差分原理

	政策作用前	政策作用后	时间差分
处理组	$\beta_0 + \beta_2$ $(P=1,\ Y=0)$	$\beta_0 + \beta_1 + \beta_2 + \beta_3$ $(P=1,\ Y=1)$	$\Delta y = \beta_1 + \beta_3$
控制组	β_0 $(P=0,\ Y=0)$	$\beta_0 + \beta_3$ $(P=0,\ Y=1)$	$\Delta y = \beta_3$
组间差分			$\Delta y = \beta_1$

其中，y 表示被解释变量，β_2 表示不随时间变化的非观测效应，β_3 表示年份固定效应，两者分别表征了处理组与控制组的组别差异以及时间对两组共同的影响。第一次差分依次得到了两个组在事件前后的差异，第二次差分有效消除了两个组的事件前差异，从而准确地识别出政策带来的净效应。我们真正感兴趣的是两个虚拟变量的交叉项系数 β_1，它在数学上等于处理组在事件年前后的差异减去控制组在事件年前后的差异，此即所谓的"双重差分"。如果其显著为正，说明政策对被解释变量 y 的效应为正向，反之则为负。

（2）DID 模型的优势与应用条件

迄今为止的实证研究，大多采用样本企业改革前后的数据建立多元线性回归方程，基于严格的实证角度，仅仅比较企业改革前后的差异最多只能说明"营改增"与企业行为的相关性，并不能得到关于这场改革效应的因果推断，因为与税改期间同时的其他一些政府行为或经济事件也可能引起企业行为的变化，结果导致政策与企业行为变化之间的"假相关"。本书尝试对某电力一般纳税人的"营改增"政策效果进行严格的实证研究，在数据上，运用样本企业 2010～2016 年的面板数据；在方法上，根据我国"营改增"进程分地区逐步推进的时间特征，借鉴双重差分模型的方法分析"营改增"对企业税负与绩效所产生的因果效应的大小，从而避免现存文献存在的一些重要缺陷。

与普通最小二乘法回归分析方法相比较，双重差分模型具有以下两个显著的优点：一是 DID 模型可以有效解决内生性，即政策变量与被解释变量之间的相互作用效应；二是 DID 模型可以得到政策效果的"净效应"，此"净效应"反映了时间维度和截面维度的综合影响，既体现了某一个时间节点上处理组和控制组的差异，也体现了处理组在试点前后的差异。DID 模型分析的结果恰恰是在控制了期间的一些共时性政策因素的影响以及处理组和控制组的事前差异后的"净因果效应"。

使用双重差分模型的先决条件为政策的影响必须是分地区逐步推进的，由此才可以选择处理组与控制组。一般来说，下面两种情形将对 DID 模型的分析效果产生偏差：第一，假设存在影响被解释变量的某一客观因素，其同时亦影响样本是否进入处理组，那么此时没有受到政策影响的样本亦不应该进入控制组，因为这种情况下处理组和控制组的被解释变量未来发展趋势不同，将造成政策"净效应"的估计结果偏大或偏小；第二，政策必须是外生的，保证研究样本进入处理组和控制组是随机的，如果政策实施后样本可以自我选择进入处理组或控制组，政策本身将会产生一定内生反应，出现这种情形使用双重差分模型是不正确的。本书研究的某电力"营改增"政策实施中不存在上述问题，对样本企业而言，税改是一个完全外生的事件，此外选择的研究样本中也不存在研究年份内变更注册地的企业，因此适合采用 DID 模型进行分析。

7.2.2 模型建立与样本选取

基本的 DID 模型在样本中要设置两个统一的虚拟变量，而我国

"营改增"采用按批次逐步试点推进的方式，不同地区的试点时间各不相同，因此无法按照上式进行上述统一的设定。在实际运用中，除政策效果和事前差异两个主要因素外，还存在许多其他确定的与不确定的影响因素需要控制，因此得到 DID 模型的一般化方程：

$$y_{it} = \beta_0 + \beta_1 P \cdot Y + \beta_i + \beta_t + X_{it} + \varepsilon_{it}$$

其中，y_{it} 为被解释变量，$P \cdot Y$ 为交互项，当处理组企业 i 在 t 年受到政策的影响时，虚拟变量 $P \cdot Y$ 取值为 1，反之则为 0。同时模型内加入了分别代表企业个体效应与时间效应的 β_i 与 β_t，因此具有了面板数据回归的基础。此外，控制变量 X_{it} 的加入，可以捕捉因为企业个体差异所造成的感兴趣指标的变化。ε_{it} 为随机扰动项，代表其他不可预知的无法控制的随机因素的干扰幅度。

要对一般化方程进行回归，必须选择相应的变量。根据本书的研究目的，其中被解释变量分别选择企业的总体税负率和企业绩效。上文在讨论绩效评价时说过，由于企业在一个特定的时间内，不是追求一个目标，而是对多个目标的追求，所以单一指标无法充分反映绩效的全貌。基于单指标绩效考核存在的缺陷，此处采用多重指标的评价就相对客观，可以顾及企业经营评价的多个方面，避免评估可能存在的主观因素，从而更加完整和确切地反映绩效。本书在阅读大量文献的基础上，借鉴前人的科研成果，从盈利能力、营运能力、偿债能力和成长能力四个方面选取最具有代表作用的 9 个会计指标进行分析。为减少模糊估计和主观赋权造成的误差，采用主成分分析进行降维处理后得出的综合评价得分作为被解释变量，财务指标与选取的理由见表 7.2：

表 7.2   财务指标选取理由

评价维度	财务指标	选择理由
盈利能力	每股收益	最直接反映投资者的权益变动、评价企业的盈利能力
	净资产收益率	最直观地描述公司所有者权益的运用效率
	总资产净利润率	衡量企业综合利用负债和股东投资经营成果的指标
营运能力	总资产周转率	以销售额综合评价企业全部资产的经营质量和利用率
	流动资产周转率	直观表征企业资产中流动性最强的那部分资产的利用率
偿债能力	资产负债率	分析企业的资本结构，衡量公司利用负债经营的能力
	速动比率	较流动比率更加苛刻的评价公司立即偿还债务的能力
成长能力	净利润增长率	反映企业经营成果的成长性，间接表现营运成本的控制
	总资产增长率	以总资产的增长反映企业未来的发展能力

由于增值税是价外税，财务报表并不直接披露，本书根据附注中的城建税计算得出：增值税额＝城建税额/城建税税率；针对很多企业混业经营的现象，"营改增"前后企业均有增值税税额和营业税税额发生，故在计算中要综合考虑，将营业税（含营业税附加）和增值税（含增值税附加）加总计算流转税税负影响，由此总体税负率＝[（应纳营业税额＋应纳增值税额＋所得税额)/主营业收入]×100%。另因可抵扣成本 D 在财务报表中也不做分类列示，此处根据营业总成本减去现金流量表中披露的职工薪酬、路桥费和保险费等计算得出。

由于样本企业的个体特征可能会对被解释变量造成影响，因此选择 3 类描述企业个体特征的变量进行控制，分别为企业固定资产增长率、企业成本可抵扣占比率和公司规模（企业总资产的自然对数）。其中需要说明，由于企业并不对外公开披露年度固定资产投资额，我们可以通过现金流量表中"购建固定资产、无形资产和其他长期资产所支付的现金（FACF）"调整得到；也可以通过资产负债表上固定资产相关项目的变化拟算得到（FABS），本书选择 FACF 作为年度固定资产投资额，原因是在我们的研究时段内，与电力有关的投资仍然征收营业税，在考察"营改增"过程中企业固定资产投资时应以直接应用于生产经营的设备类投资为研究对象，而将房屋建筑物以及无形资产中的土地使用权等形成的干扰因素予以剔除，这种处理先进于当前普遍使用固定资产投资前后两年数据简单取差值（FABS）的做法。

此外，为跟进考察各批次"营改增"后的改革效果，加入了年度哑变量。各个变量的具体定义如表7.3所示：

表7.3 主要变量定义

变量性质	变量名称	变量符号	变量说明
被解释变量	总体税负率	TTAX	总体税负率＝[（流转税税负＋所得税税负）/主营业收入]×100%
	每股收益	EPS	（净利润/年末普通股份数）×100%
	净资产收益率	ROE	（当期净利润/平均净资产）×100%
	总资产净利润率	RRTA	（净利润/平均总资产）×100%
	总资产周转率	TAT	（营业收入/总资产）×100%
	资产负债率	DAR	（总负债/总资产）×100%
	流动资产周转率	CAT	（营业收入/流动资产占用额）×100%
	速动比率	ATR	（速动资产/流动负债）×100%
	净利润增长率	NPGR	[（当期净利润－上期净利润）/上期净利润]×100%
	总资产增长率	TAGR	[（期末总资产－期初总资产）/期初总资产]×100%
解释变量	"营改增"政策	P·Y	试点地区在政策发生后赋值为1，其他赋值为0
控制变量	生产经营性固定资产增长率	IFAR	[购建生产经营性固定资产、无形资产和其他长期资产所支付的现金（FACF）/期初固定资产]×100%
	可抵扣占比	BVC	可抵扣占比＝[（营业总成本－应付职工薪酬－路桥费－保险费）/营业总成本]×100%
	企业规模	SIZE	Ln（总资产）

根据选定的变量，构建双重差分模型：

$$y_{it} = \beta_0 + \beta_1 P \cdot Y + \beta_2 IFAR + \beta_3 BVC + \beta_4 SIZE + \varepsilon_{it}$$

7.2.3 应用主成分分析综合评价企业绩效

通过第 3 章的理论分析得知，"营改增"政策产生的税负变动因素以及抵扣因素会同时影响到企业许多绩效指标，如果仅仅从单一的指标去评价，显然无法全面反映"营改增"对企业综合绩效的影响，而指标过多又不利于下一步的差分回归分析，因此通过 SPSS19.0 软件运用主成分分析将上节选中的 9 个绩效指标降维处理，最后得到用主成分表示的企业绩效的综合评价。

（1）主成分分析的基本思想

在生产与科学实践中，某个问题往往与多个因素有关，这些因素也可以称为指标或者变量，而这些因素之间又因为存在相关性出现信息重叠，增加了研究的复杂性，我们把这类现象称为多指标问题。如果简单的舍掉其中一部分，势必损失一部分信息量，导致结论不可靠。如何既保持原有因素的绝大部分信息，又能使研究的问题得到简化，运用多元统计学中的主成分分析就可以有效解决此类多指标问题。

主成分分析（Principal Component Analysis，PCA）的基本思路就是借助数学上的一个正交变换实现降维，将原来众多相关的因素形成一个相互不再相关的新组合，新组合中的各项均可以用原有因素不同的线性组合来表达，其中少数几项便可以代表原有因素的绝大部分信息，因此被称为原有因素的主成分。假设 n 个原有因素做线性组合形成新组合中的 n 个综合指标，若将选取的第一个综合指标（即第一个线性组合）记做 Z1，自然希望 Z1 尽可能多地包含原有元素的信息，而表达信息最经典的方法就是用方差来表达，即 Var（Z1）越大，表示 Z1 包含的信息越多。因此在所有的线性组合里 Z1 的方差应该是最大的，故称 Z1 为第一主成分。如果第一主成分不足以代表原来 n 个指标的信息，再考虑选取 Z2，即选第二个线性组合，为了有效地反映原来的信息，Z1 已有的信息就不需要再出现在 Z2 中，用数学语言表达就是要求 Cov（Z1，Z2）= 0，称 Z2 为第二主成分，依此类推可以构造出第三、四、……，第 n 个主成分。不难想象这些主成分之间不仅不相关，而且它们的方差大幅依次递减。因此在实际应用中，只挑选前几个最大主成分代表原有变量的全部信息。

（2）变量的标准化处理与可行性检验

变量的标准化处理这是进行主成分分析的第一步。变量间的量纲不同将会严重影响数据分析结果的准确性，因此在分析前需要对变量数据进行标准化处理，从而得到量纲一致的变量以消除不同量纲对数据造成的影响。通常进行 Z 标准化，按均值为 0，方差为 1 的标准化形式进行，此过程在 SPSS 软件的 Factor 过程自动执行。

变量数据的可行性检验在进行主成分分析之前。除了要对数据进行标准化处理之外，还要对原始数据进行 KMO 和 Bartlett 球形检验，以便进一步对数据的相关性进行判断，看是否适合做主成分分析。如果检验结果是不适合做主成分分析，说明选取的指标有问题，就要重新选取新的指标。以表 7 - 3 中的被解释变量（TTAX 除外）为指标进行评价，通过 SPSS19.0 进行 KMO 和 Bartlett 球形度检验，结果如表 7.4 所示：

表7.4   **KMO 和 Bartlett 的检验**

取样足够度的 Kaiser – Meyer – Olkin 度量		0.597
Bartlett 的球形度检验	近似卡方	138.457
	df	36
	Sig	0.0371

表中的 KMO 检验是研究变量间的偏相关性，计算时控制了其他因素的影响，所以比简单相关系数要小，其值为 0.597 > 0.5，达到可行性标准；Bartlett 球形检验统计量的概率 Sig 值小于 0.05，由此否定相关矩阵为单位阵的原假设。即认为各变量之间存在显著的相关性，所以可以对样本数据进行主成分分析。

（3）主成分提取

特征值、方差贡献率和累计贡献率的计算利用 SPSS19.0 软件可以得出特征值、方差贡献率和累计贡献率，见表 7.5：

表7.5   **主成分特征值与贡献率**

主成分	初始值			提取后		
	特征值	方差贡献率	累计贡献率	特征值	方差贡献率	累计贡献率
1	2.924	32.495	32.495	2.924	32.495	32.495
2	2.072	23.039	55.534	2.072	23.039	55.534
3	1.358	15.099	70.633	1.358	15.099	70.633
4	0.854	9.484	80.117			
5	0.708	7.861	87.978			
6	0.524	5.812	93.79			
7	0.289	3.192	96.982			
8	0.213	2.387	99.369			
9	0.058	0.631	100			

我们按照特征值大于 1 且累计贡献率在 70% 左右的原则来选取主成分，取前三个特征值为主成分代表原来 9 个指标的信息。

在计算出特征值、方差贡献率和累计贡献率后，还需要计算因子载荷矩阵，以便定义每个主成分的经济意义。为了清楚地看出各变量在主成分上的负载，我们对因子矩阵做方差最大化旋转，从而得到旋转后的因子载荷矩阵。见表 7.6：

表 7.6   旋转因子载荷矩阵表

变量	主成分		
	Z1	Z2	Z3
EPS	− 0.068	0.027	0.912
ROE	0.919	− 0.043	− 0.109
RRTA	0.923	− 0.134	0.151
TAT	0.069	0.689	0.119
DAR	0.192	0.739	− 0.249
CAT	− 0.081	0.548	0.639
ATR	0.292	0.636	0.081
NPGR	0.601	0.311	0.425
TAGR	0.358	0.089	− 0.056

由表 7.6 可知，RRTA、ROE、NPGR 和 TAGR 等指标在第一主因子上有较大的载荷，因此代表的指标可以综合反映企业盈利能力和发展能力，况且第一主因子对 9 个变量的方差贡献率最大，高达 32.495，在分析中应予重点考虑；紧随其后的第二个主因子的方差贡献率为 23.039，并且在 CAT、TAT 和 ATR 等指标上负有较大载荷，代表的指标综合反映了企业的营运能力；第三个主因子的方差贡献率为 15.099，

EPS、DAR 在该因子上有较大的载荷，因此主要代表企业的偿债能力。

因子得分的计算在确定了各主成分的经济意义之后，需要知道的是各主成分关于 9 个绩效指标的线性表达式，这需要从表 7.6 的旋转因子负荷矩阵来求得。具体操作如下：将旋转因子负荷矩阵中的 3 列数据输入到数据编辑窗口（为变量 B1、B2、B3），然后利用 "Transform—Compute"，在对话框中输入 "A1 = B1/SQR（2.923）"（注：第二主成分 SQR 后的括号中填 2.072，第三主成分 SQR 后的括号中填 1.357），即可得到特征向量 A1。同理，可得到 A2、A3。从而得出表 7.7 中各项系数：

表 7.7　　　　　　　　　主成分关于各绩效指标的系数表

	Z1	Z2	Z3
每股收益 X1	0.060092781	0.043256461	0.794567823
净资产收益率 X2	0.485235845	− 0.125643875	0.241347589
总资产净利润率 X3	0.472765345	− 0.235687945	0.015098653
总资产周转率 X4	0.202687922	0.628546799	0.302135698
流动资产周转率 X5	0.266983214	0.534578965	0.154637845
资产负债率 X6	0.288764433	− 0.174256387	0.321456987
速动比率 X7	0.335687897	0.556879542	− 0.234598762
净利润增长率 X8	0.475632147	0.224578965	− 0.325155877
总资产增长率 X9	0.368954756	− 0.145632589	0.127658412

根据上表，可以写出各主成分关于 9 个绩效指标的线性表达式，分别如下：

$Z_1 = 0.060092781X1 + 0.485235845X2 + 0.472765345X3 +$

$0.202687922X4 + 0.266983214X5 + 0.288764433X6 +$

$$0.335687897X7 + 0.475632147X8 + 0.368954756X9$$

$$Z_2 = 0.043256461X1 - 0.125643875X2 - 0.235687945X3 +$$

$$0.6285467986X4 + 0.5345789652X5 - 0.174256387X6 +$$

$$0.556879542X7 + 0.224578965X8 - 0.145632589X9$$

$$Z_3 = 0.794567823X1 + 0.241347589X2 + 0.015098653X3 +$$

$$0.302135698X4 + 0.154637845X5 + 0.321456987X6 -$$

$$0.234598762X7 - 0.325155877X8 + 0.127658412X9$$

同时，根据表 7.5 中各个主成分的方差贡献率，可以得到企业综合绩效评价：

$$Z = 0.32495Z_1 + 0.23039Z_2 + 0.15099Z_3$$

7.2.4 基于 DID 模型的实证分析

（1）描述性统计分析

应用 Excel2003 与 EVIEWS6.0 软件，对面板数据进行相关分析运算后得到表 7.8 的主要变量的描述性统计，以及图 7.1、图 7.2 的变化曲线图。

表 7.8 主要变量的描述性统计

主要变量	变量符号	均值	最大值	最小值	标准差
企业总税负率	TTAX	0.068	0.323	−0.013	0.05
企业综合绩效	Z	0.086	0.564	−0.507	0.02
固定资产投资率	IFAR	0.087	0.198	0.026	0.04
可抵扣占比	BVC	0.469	0.684	0.265	0.03
企业规模（Ln）	SIZE	22.796	26.042	19.756	1.6

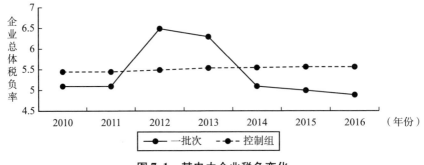

图 7.1 某电力企业税负变化

从图 7.1 看出，在"营改增"当年，某电力企业的总体税负率都有明显的大幅度上升，与第 3 章理论分析中某电力一般纳税人税负不减反增的初步结论相吻合。但随着改革的逐步深入，税负均呈递减趋势，随着 2016 年 5 月 1 日后不动产及路桥费加入抵扣范围，某电力的减税空间更会随之提升。

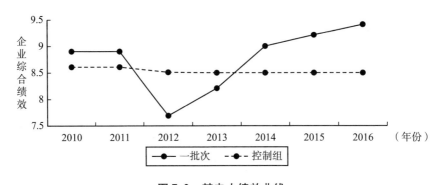

图 7.2 某电力绩效曲线

图 7.2 曲线走势表明"营改增"当年企业的绩效皆出现下滑，但后期均呈恢复状态，结合图 7.1 的税负变化曲线，可以看出政策的滞后性大约在 3 年左右。与"营改增"政策效果对企业税负的影响比较

而言,政策效果对企业绩效的影响更为积极与显著,这直接说明了政策的效果不仅是要达到减轻税负的目的,更主要的是催生新动能,促进行业转型升级,提升企业核心竞争力。纵观税负与绩效指标 7 年内的大致走向,可以观察到存在着不容忽视的时间效应,所以需要在模型中对年份进行控制。

(2)双重差分实证分析

利用 EVIEWS6.0 软件进行面板双重差分的回归,并对个体效应与年份效应进行控制,得到表 7.9 的差分结果。其中单数模型没有加入控制变量,只加入了虚拟变量"营改增"政策效果,而在双数模型中加入了控制变量,以此检验虚拟变量系数的稳定性。

表 7.9　　　　　　　　　　面板双重差分回归分析

	企业总体税负率 TTAX(%)		企业综合绩效评价 Z(%)	
	模型(1)	模型(2)	模型(3)	模型(4)
P·Y	0.238 ** (0.97)	0.229 * (2.54)	−0.141 (−1.61)	−0.132 * (−1.67)
IFAR		−0.133 ** (0.05)		0.157 ** (0.036)
BVC		−0.162 ** (0.35)		0.178 ** (0.23)
SIZE		0.011 ** (2.31)		−0.020 ** (2.20)
CONT	−1.614 (0.53)	1.375 (0.42)	3.216 (1.47)	6.482 (1.46)
YEAR	控制	控制	控制	控制
R2(Within)	0.1062	0.1064	0.1962	0.1968

模型(1)结果表明,代表"营改增"政策效果的虚拟变量 P·Y

对企业总体税负率的影响为 0.238，该系数通过了 5% 的显著性检验，且 t 值绝对值接近 1，"营改增"使企业的税负增加了 23.8 的百分点，可能的原因一是"营改增"经历了价内税向价外税的转变，税率从 3% 陡然上升到 11%，对于某电力而言，试点开始普遍无法适应新税制带来的变化，在收入和其他成本费用没有重大变化的情况下，而允许抵扣的进项税额却由于增值税专用发票的取得困难而难以抵扣充分，必然会对企业税负产生负面影响；原因二是"营改增"政策对固定资产投资的刺激没有达到预期。模型（3）和模型（4）中的回归系数为负，说明"营改增"后企业的绩效出现下滑。究其原因主要是这一时段内税负上升所引起。模型（3）中虚拟变量接近显著，t 值绝对值超过了 1，在模型（4）中加入了控制变量后，回归系数提高了一定的显著性，通过了 10% 的显著性检验。在加入控制变量后，模型（2）和模型（4）的回归系数并没有太大的变化，且皆通过了 1% 的显著性检验，表明该系数在经济意义和统计意义上的相对稳定。

投资历来对企业成长具有推动作用，也是政策效果分析中必然关注的热点。从理论上讲，由于进项税抵扣的实现，"营改增"不仅会促进企业购入交通工具等固定资产，也会加大相关无形资产的投资力度，表中控制变量固定资产投资与生产成本的可抵扣占比对企业税负的回归系数分别为 -0.133 和 -0.162，且均通过了 5% 的显著性检验，说明在"营改增"后，这两项指标直接达到了为企业减税的效果；此两项控制变量对企业绩效的回归系数分别为 0.157 和 0.178，与其对企业税负影响的回归系数比较，可以看出政策对绩效的影响更为积极与显著。

我们还发现表中税负率与公司规模呈正比例关系，公司规模越大，税收负担越重，这一关系通过了 5% 的显著性检验；在对企业绩效的影响方面，可以观察到在某电力也存在一定的小规模效应，即小规模企业的业绩表现较大规模企业更为突出。

（3）双重差分实证分析的结果

截至 2015 年，率先试点的上海市，在税负和绩效两个指标上已经优于改革之前，全国其他省份的情况也逐渐好转，这就是改革之初学者们预期的滞后性效应。滞后性效应仍在影响某电力的经营状态，对其他行业的"营改增"都有启示与借鉴作用。由于政策对绩效的影响相对税负而言更为显著，滞后性效应充分诠释了"营改增"政策的效果不仅为企业减轻税负，更深层次的影响是对经济转型升级的助推作用，优化我国的财税体制，大力推进供给侧结构性改革。

7.3 基于全寿命周期成本管理的项目方案决策分析

7.3.1 概述

目前，该站供电片区 2018 年最大负荷为 17MW。随着该区域周边改造社区等一系列政府重点招商引资项目及住宅项目投运，预计未来两年年该片区负荷将分别达到 35MW 和 45MW，现有主变压器将出现重载，并不满足"N－1"安全校验。

根据济南地区电网规划，为提高供电可靠性及进线"N－1"，为目标区域变电站配备第二电源，T 接 110kV 目标线接入。经过大量数据和实地调研后，对变电站原有设备进行资产评估后，情况如下：目标 110kV 变电站保护装置及综合自动化系统均为 2004 年投运，运行已达 15 年，到达事故多发期，后期维护困难。变电站一次设备也已运行 20 余年，经计算断路器和隔离开关额定容量小，不满足负荷增长需求，设备老化，五防闭锁不完善，不满足国网公司十八项反事故措施要求，且整改投资较大。

针对以上情况，提出了方案 A 和方案 B，并对它们进行比较：

案 A 将原有变压器更换为 2×50MVA 变压器，高压侧设备仍沿用户外敞开式设备布置（AIS），主接线方式完善为双电源，改造后需增加 110kV 进线间隔 2 回，分段间隔 1 回，母线设备间隔 1 回，并将原有二次设备全部更换为智能化设备，一次设备进行智能化改造。

方案 B 将原有变压器更换为 2×50MVA 变压器，户外布置，110kV 主接线采用为内桥接线，拆除原有 110kV 户外开关设备，新建 110kV 设备室，采用户内气体绝缘金属封闭开关设备（GIS），共 7 个间隔。并将原有一二次设备全部更换为智能化设备。

根据现在国家电网公司最新要求，新建变电站项目均需满足智能化需求，因此两个方案的二次系统中都采用了智能化设备，且根据负荷计算，所采取的变压器型号及配套 35kV 及 10kV 侧设备均相同，因此其成本和性能的差别不大，而 110kV 设备选择中存在 110kV 侧采取 GIS 或 AIS 布置的不同，因此在方案决策时，只需对 110kV 开关设备的经济技术指标进行分析。在变电站全寿命周期管理的基础上分析比较两个备选方案，决策出最佳实施方案。

7.3.2 备选方案的全寿命周期成本的计算

变电站项目全寿命周期成本为方案比选中的重要部分，也是我们的计算重点。按照传统方式对变电站项目全寿命周期成本进行计算，也能够在后续分析中体现出经济—技术模型在方案比选中的工作与传统成本比较法的区别。

（1）各部分成本估算

为简化计算，在比较备选方案的全寿命周期成本时，将项目前期费用以及项目之后寿命阶段的成本中配置相同的 35kV 及 10kV 电压等级设备、继电保护设备等成本省略计算，将备选方案中 110kV 有差异部分纳入计算。

①投资成本（IC）

根据运行经验及技术论证，两套方案选择的 110kV 设备类型均能满足使用要求。

两个备选方案设备的理论使用年限不同，AIS 理论使用年限为 20 年，GIS 理论使用年限为 30 年因此，取两个方案的寿命周期公倍数 60 年计算。名义利率为 $i_n = 10\%$，通货膨胀率 $i_f = 4\%$。

首先计算备选方案的建设成本 IC = 设备购置费 IC_1 + 安装调试费 IC_2 + 建筑工程费 IC_3。

第 1 步，110kV AIS（方案 A）与 110kV 内 GIS（方案 B）的设备购置成本 IC_1 比较，见表 7.10：

表 7.10　　　　　　　　　设备购置成本对照表

设备类型	110kV AIS 布置		间隔名称	110kV GIS 布置	
	配置	投资（万元）		配置	投资（万元）
110kV 断路器	3	63	110kV 进线间隔	2	106
110kV 隔离开关	10	40	变压器进线间隔	2	44
110kV 接地开关	2	4	内桥间隔	1	53
110kV 电流互感器	12	18	母线设备间隔	2	68

设备类型	110kV AIS 布置		间隔名称	110kV GIS 布置	
	配置	投资（万元）		配置	投资（万元）
110kV 电压互感器	6	12	110kVGIS 电缆终端	6	9
110kV 母线	300	1			
总计		138			280

第 2 步，根据电力建设工程概算定额，两种方案的施工费主要包括电力设备的安装费，以及设备调试费，如表 7.11 所示。

表 7.11　　　　　　　　安装调试成本 IC_2 对照表

计费项目	110kV AIS 布置	110kV GIS 布置
安装费	17	23
调试费	23	40
成本（万元）	40	63

第 3 步，经过对现场实地考察及初步设计，可得两种方案的建筑工程成本如表 7.12 所示：

表 7.12　　　　　　　　建筑工程成本 IC_3 对照表：

建设项目名称	110kV AIS 布置		110kV GIS 布置	
	占地（平方米）	总价（万元）	占地（平方米）	总价（万元）
土石方工程	600	24	2200	78
给排水工程	600	0.1	1100	5
采暖、通风及空调	/	/	350	10
总计		24.1		93

由此可得两种方案的一次投资成本分别为：

$IC_a = 202.1$（万元）；$IC_b = 364$（万元）

②运行维护成本（OC）

本例中根据运检部及财务部门提供的数据，利用该地区相邻 AIS 及 GIS 布置的 110kV 变电站进行参考计算运行维护及检修费用，计算出两方案运行维护成本（OC）＋检修成本（MC）的折现值：

$OC1_a = 642$（万元）

$OC1_b = 310$（万元）

$OC2_a = 247$（万元）

$OC2_b = 128$（万元）

两方案的运营维护成本分别为：

$OCA + MCA = 889$（万元）

$OCB + MCB = 428$（万元）

③检修成本（MC）

包括设备的大修成本及小修成本，110kV 高压开关类设备除常规每 3 年进行一次小修外一般按照 15 年周期进行大修，5 年对操动机构进行维修。根据运检部提供的大修项目数据及咨询相关厂家售后人员，计算出检修成本。其中，MC1 代表设备小修，MC2 代表设备操动机构维修；MC3 代表设备大修。

得出变电站检修成本如下：

$MCa = MC1a + MC2a + MC2a = 210$（万元）

$MCb = MC1b + MC2b + MC2b = 148$（万元）

④中断供电损失成本（FC）

基于供电公司多年的运行数据，可得出设备故障率 X，平均修复成本 RC，设备的平均修复时间 MTTR，停电引起的损失供电负荷 Sr，非计划停电率 UOC，平均中断供电电量的价值 A 等数据，如故障成本相关系数对照表 7.13 中所示，因中断供电引起的用户损失造成的供电企业社会成本暂时没有考虑。

表 7.13 故障成本相关系数对照表

相关参数	110kV 为 AIS 布置	110kV 为 GIS 布置
λ	0.3	0.01
S_r	120000	120000
RC/万元·h^{-1}	2	3
MTTR/h	4	6
UOC	0.17	0.05
α/万元·$(kW·h)^{-1}$	0.000011	0.000011

根据表中数据，再加上年利率 R = 10%、通货膨胀率 r = 4% 以及两个备选方案二次系统寿命周期的公倍数 60 年来考虑，可以计算得两个方案的故障成本折现值为：

$$FC_A = \sum_{i=1}^{N} \left(\frac{1+r}{1+R} \right)^{i-1} \times \left(\lambda_A \times RC_A \times MTTR_A + \frac{8760 \times UOC_A \times S_{rA} \times \alpha}{10} \right)$$

$$= 3521.8 \ （万元）$$

$$FC_B = \sum_{i=1}^{N} \left(\frac{1+r}{1+R} \right)^{i-1} \times \left(\lambda_B \times RC_B \times MTTR_B + \frac{8760 \times UOC_B \times S_{rB} \times \alpha}{10} \right)$$

$$= 1026.5 \ （万元）$$

报废成本（DC）

两方案均按照设备的报废处置时，出去成本支出的报废成本为购置费用×5%，可得两方案的报废成本如下：

$$DC_A = 202.1 \times 5\% \times PV = -4.49 \ （万元）$$

$DC_B = 364 \times 5\% \times PV = -8.08$（万元）

（2）全寿命周期总成本

我们已计算出的备选方的成本组成部分，即可得两个方案的全寿命周期成本 LCC 的数值如下：

$LCCa = ICa + OCa + MCa + FCa + DCa = 4818.41$（万元）

$LCCb = ICb + OCb + MCb + FCb + DCb = 1966.5$（万元）

7.3.3 决策结果的分析

（1）投资成本的比较

如采用传统的工程造价全过程成本管理方法来比较，从变电站项目投资成本分析，110kV 设备采用户外布置的 A 方案成本 202.1 万元，方案 B 成本 364 万元。户外布置的方案 A 比需要新建建筑户内布置设备的 B 方案的投资成本低得多，应选择 A 方案作为决策方案。

（2）全寿命周期成本的比较

如采用全寿命周期成本比较分析，两个方案中方案 A 采用 AIS 布置方式变电站的运行维护成本和检修成本在全寿命周期成本中所占比例比采取 GIS 方案的成本要高。可见，方案 A 的一次成本比较低，但是这种方案的运行维护成本较高，使得方案 A 的全寿命周期成本比方案 B 要高出很多。因此，在全寿命周期成本比选中应该选择方案 B 作为最佳方案。

（3）采用经济—技术方案比选模型比较

从纳入经济—技术方案比选模型的比较结果来看，GIS 变电站方案的与理想方案的关联度较大，为最优方案。在比选决策过程中，从准则层的权重分析结果可以看出：方案的决策过程中指标的权重可以看出，可靠性的影响最大、经济性次之，而安全性再次。这是由于在我国电网企业几乎全部为国有企业，国企的性质决定了其"人民电业为人民"的企业宗旨，为了确保电网的可靠性往往不计成本对基建进行投资。而经济性作为一个企业生存的生命线，也必须尽可能地满足成本核算的要求。

以工程中的实际数据为例，对该站决策阶段的备选方案进行了比选和决策：首先对比了两个备选方案在全寿命周期成本。再用专家意见法、层次分析法和灰色关联度分析法结合，从变电站项目方案比选时需要考虑的经济性、可靠性、安全性等三类指标出发，对备选方案进行分析比较，从而优选出最佳方案，并与传统全过程成本决策结果以及全寿命周期成本决策进行比较，验证了该决策模型的可行性和优越性。

8 "营改增"对供电企业上下游的影响

2016 年 3 月 23 日，经国务院批准，财政部、国家税务总局为推进"营改增"改革的进行，下发了《关于全面推开营业税改征增值税试点的通知》，从 2016 年 5 月 1 日开始，将全国各个行业纳入"营改增"试点范围，至此，营业税改征增值税在全国范围内全面展开。

8.1 政策调整和整体变化

"营改增"政策具体指的是缴纳营业税的应税项目变更为缴纳增值税。两个税种的主要区别可以概括为两点：一是计税依据不同，营业税为价内税，是对全部营业额收取。增值税是价外税，不计入企业收入和成本，以货物销售和提供服务的增值额为计税依据，即应纳税额为销项税额抵减进项税额的差额。二是税率不同，营业税税率一般为 3%～5%；增值税税率 3%～17%，区分不同业务而确定，公司业务多适用 17% 税率。

随着全国各个行业基本都纳入了"营改增"试点范围，货物和服务行业实现了"营改增"的全面覆盖。X供电公司涉及的业务主要有高可靠供电收入、小区配套收费、建筑安装收入等，可以说对公司的影响是全方位的，具体可概括为：

（1）原按照收入额3%缴纳营业税的小区配套工程费（属于税法规定的建筑业）改为按照不含税收入的11%计算应纳税额；

（2）原按照收入额5%缴纳营业税的高可靠电费收入（属于税法规定的建筑业）改为按照不含税收入的11%计算应纳税额；

（3）对不动产租赁收入的税赋影响分为两种情况：一是营改增后，若一般纳税人出租的不动产为2016年5月4日前取得的，则可以选择适用简易计税方法缴纳税款，计算应纳税额时按照租赁收入的5%计算；二是若一般纳税人出租的不动产是其2016年5月4日后取得的，计算应纳税额时按照租赁收入的11%计算。

原按照收入额5%缴纳营业税的供电附加手续费收入改为按照不含税收入的6%计算应纳税额，同时可抵扣对应进项税。

上述业务按照适用的税率计提增值税销项税额后，可抵扣符合规定的进项税。

8.2 "营改增"政策对税赋的影响

根据某供电公司2015年的经营数据为基础对2015年"营改增"税赋影响进行测算，可以发现，公司2015年涉营业税收入76.07亿元，缴纳营业税2.36亿元，模拟2016年5月份起执行营改增政策，预计缴纳增值税1.76亿元，降低税金5998万元，整体影响金额较大，具体测算见表8.1：

表8.1　　　　　　　　　2016年度"营改增"税收影响测算

项目	"营改增"后2016年度预计实现情况					2015年度营业税实现情况			减少的税金
	预计应税收入		预计销项税额	预计进项税额	预计应交增值税	应税收入		应交营业税	
	总收入	其中：系统内				总收入	其中：系统内		
建筑服务	653133	6153	66921	48996	17925	726971	6296	21946	-4021
金融保险服务				18	-18	2224	1728	112	-130
不动产租赁	10577	3061	754	564	190	17269	9026	862	-672
销售不动产	399	63	23		23	1812	63	91	-68
转让土地使用权	7		1		1	12		1	0
生活服务	4057	1709	272	958	-686	5206	2032	232	-918
其他	5152	12	291	135	156	7226	473	346	-190
合计	673325	10998	68261	50670	17591	760720	19617	23589	-5998

虽然"营改增"对公司核算电网运营业务（电网运营业务以增值税涉税业务为主体）经济效益和税负水平影响不大，但对电网工程投资、施工单位业务则影响巨大，次改革实行行业范围和抵扣范围"双扩"，总体上是要实现"所有行业税负只减不增"，对适用范围的影响较大，涉及全部经营主体，下面，对影响较大的几个方面作简要分析。

8.2.1　对企业成本核算产生的影响

电力企业在实施成本核算的过程中，通常使用的方式都是价税合计的形式，这样能对企业成本和进项税额进行了兼顾。因为"营改增"的有序实施，使得电力企业的成本核算工作产生了非常大的变化，企业可利用增值税发票当中的进项税额，对销项税额进行抵扣。借助这样抵扣，成本的核算形式有了非常大的转变。

8.2.2 对企业现金，利润核算产生的影响

电力企业的成本、收入以及营业税，对企业现金以及利润等会产生较大的影响。企业内部的一系列经营活动，如果现金流有所减少，会引起营业税的增长。在没有实施"营改增"之前，企业一般会先支付营业税，之后补平。该方式会导致实际缴纳税额和会计上的税额不符，会对企业的现金以及利润产生直接的影响。当前，"营改增"的有效实施，企业只需对增值税进行缴纳即可，这样企业可先获取利益，之后缴税，可避免实际与账目不符的情况，还可帮助企业将企业的利润以及现金提升。

8.2.3 对增值税税票管理产生的影响

"营改增"在我国的应用以及推进，势必会导致增值税在各个方面有所转变。特别是针对违法乱开、虚开增值税发票的情况，会受到非常严格的惩罚。此外，针对电力企业，也提出了更高的要求，要保障增值税发票绝对的真实性，并承担相应的法律责任。

8.2.4 对企业所得税产生的影响

在实施"营改增"之后，所得税的税额变化密切联系着利润数额。具体来说，企业需要缴纳所得税的税额，与企业本身的利润大小之间的关系为正比例函数，如果增加了利润，那么所得税便增加，如果利

润有所减少,那么所得税也有所减少。

8.2.5 对票务管理产生的影响

"营改增"实施之后,政府等相关部门在对专用发票进行管理的过程中,也改进了措施,对其进行了强化。因为"营改增"在全国范围内推进,电力企业所应用的专用发票以及相应的抵扣购买,需要缴纳的税额会变成一体两面的紧密关联物。所以,企业应用的专业发票管理质量有所提升,可进一步避免违规的情况产生。

8.3 "营改增"对电网运营业务的影响分析

对电网运营业务影响不大。作为公司的主营业务,改革不涉及售电收入业务和购电成本支出业务,对供电行业的影响主要涉及高可靠供电收入、小区配套收费、输配电成本和新增不动产的抵扣。

对高可靠供电收入的影响:由原缴纳3%营业税变为缴纳增值税(新项目按11%缴纳,老项目、甲供材项目按3%缴纳),据测算约影响应交增值税650万元左右,由于该业务可抵扣进项较少,预计该业务的税负水平会有所上升,但对公司整体影响不大。

对小区配套收费的影响:由原缴纳3%营业税变为缴纳增值税(新项目按11%缴纳,老项目按3%缴纳)。由于该业务可抵扣项目占比较大,初步测算,会造成销项和进项同步增长,对税负水平影响甚微。

对公司成本费用的影响:"营改增"后,公司各项生产经营业务发生的建筑施工费、运(代)维费、安全保护费、安装服务费、维修装饰服务费及各部门管理费用中的电费手续费、会议费、物业费、绿化费、车位（辆）租赁费、鉴定咨询费、培训费、住宿费均属于扩大试点范围，自2016年5月1日起可以取得增值税专用发票进行抵扣，影响税负水平下降。但据统计，近三年平均输配电成本总额494.56亿元，上述诸项费用总额只占成本费用总额的15%，加之上述各项费用最高只可按6%进行抵扣，对公司税负影响较小。

8.4 营改增对电网工程投资业务的影响分析

执行"营改增"政策对电网工程投资的主要影响：一是建筑服务纳入增值税征收范围，目前公司电网投资主要涉及建筑服务中的工程服务、安装服务、修缮服务、平整土地、园林绿化等工程作业，取得的增值税专用发票可以用于抵扣当期增值税销项税额；二是新增不动产和不动产在建工程允许分两年从销项税额中抵扣。

2016年预计公司电网工程投资计划总额359.84亿元，以工程计价不变为前提，以近三年平均占比为基础，按照建筑服务支出占资本性支出总额的30%，不动产占新增固定资产总额的7.57%，5月1日前合同签订已完成全年计划的30%进行测算，预计2016年可增加可抵扣增值税进项税额7.34亿元，降低了工程造价，同时减少税款资金流出。

但是"营改增"政策执行后，如果保持工程计价不变，会降低施工单位营业收入，政策执行初期没有充足进项税额用于抵扣，就近期看会增加施工单位税负，可能引发施工单位要求重新确认工程计价标准的问题。

8.5 "营改增"对化工单位的影响分析

2015 年，公司建筑施工业务收入 21.23 亿元，占主营业务 1.15%，为购售电业务之外的第二大板块。"营改增"后，短期内会导致建筑施工单位（送变电公司）收入下降，现金流出增加，税负增加、利润减少。

8.5.1 对收入与利润的影响

在营改增前，送变电公司缴纳营业税是价内税，合同收入包含营业税，营改增后，送变电公司缴纳增值税为价外税。按供电工程造价与定额总站公布的营改增过渡方案取费标准测算，送变电公司不含税报价会比"营改增"前降低 5%（包含税改前报价甲供材税金约 3% 部分），导致收入下降约 5%（利润同步下降 5%）。而过渡期内工程（2016 年 5 月 1 日前已签订合同并开工工程，报价不受影响），按简易办法 3% 开票的工程，收入减少幅度约 2.91%（成本同步下降，利润不变）。2016 年送变电公司营改增前预计实现主营业务收入 22 亿元，按新工程占 15% 测算，收入下降约 7100 万元，利润下降 1600 万元。

8.5.2 对税负的影响

营改增之后的短时期内，由于建筑施工单位人工费、赔偿费无法抵扣，业务分包费、自购材料费抵扣率偏低，送变电公司建筑施工业务税负会增加 3% 左右，同时会导致利润下降。影响原因主要有以下几点。

一是人工成本无法抵扣。按 2015 年数据，人工成本占送变电公司当年成本费用 21.01%。人工成本无法取得增值税发票，从而无法抵扣。

二是分包工程抵扣难度大。按 2015 年数据，分包成本占送变电公司当年成本费用 39.44%。分包队伍的主要成本是人工费，从下一链条取得增值税发票进行抵扣的难度较大。分包队伍开具增值税专用发票，会使其费用增加，可能会变相体现在与送变电公司的结算款中（议价过程会产生具体影响）。分包队伍在不含税报价不变的前提下，大多会选择按简易征收率 3% 开票，使送变电公司抵扣减少，税负增加。由于分包商情况复杂，开票不确定因素多，在营改增推开的短期过程中，会对送变电公司税款抵扣产生较大影响。

三是赔偿费无法取得增值税发票，无法抵扣。按 2015 年数据，赔偿费占送变电公司当年成本费用 8.26%。

四是自购材料抵扣率偏低。建筑用和生产建筑材料所用的砂、土、石料、商品混凝止、自来水等执行 3% 的增值税税率。按 2015 年数据，自购材料占送变电公司当年成本费用 15.28%。

五是财务费用无法抵扣。按照相关政策，贷款利息支付的进项税是无法抵扣的

六是固定资产抵扣率偏低。按照相关政策，已购置固定资产折旧是无法抵扣进项税的。2015 年送变电公司提取固定资产折旧 2025 万元，新购固定资产却仅有 2012 万元，固定资产成新率 32.74%，净值只有 7999 万元。新购进的机械设备等可以抵扣增值税，有利于提高机械设备装备水平，同时减少作业人员的人工费用，送变电公司每年固定资

产购置不足，可以抵扣的税款非常有限。

8.6 "营改增"对供电企业外包业务的影响分析

8.6.1 下属软件服务公司

研发服务、软件服务、信息系统服务、信息系统增值服务纳入"营改增"范围，软件公司上述业务已于2013年部分现代服务业"营改增"试点时完成转换，对2016年税费及利润无影响。

8.6.2 下属广告公司

广告服务纳入"营改增"范围。广告服务收入已于2013年部分现代服务业"营改增"试点时完成转换，对2016年税费及利润无影响。球票收入作为体育服务的展现形式，应于2015年5月1日由缴纳3%营业税改为缴纳6%增值税，按照2016年球票款收入年度预算数1000万元测算，不考虑可抵扣进行税额，影响应交税费增加17.74万元，能够取得的可抵扣进项税较少，会导致税负略有增加。

8.6.3 培训中心、资产管理分公司

教育服务、物业管理、餐饮住宿服务纳入"营改增"范围，培训中心、资产管理分公司、大酒店相关业务由缴纳5%营业税改为缴纳

6%增值税，收入略有降低，但因上述业务涉及单位属公司统一纳税单位，且收入仅占公司营业总收入的0.07%，对公司2016年税负及利润影响较小。

8.6.4 代征个人所得税、各项基金手续费返还收入

综上所述，此次"营改增"政策对公司经营效益总体影响纳税减少，对电网运营业务营销不大，落地到具体业务，影响最大的是施工单位，营改增后收入下降，现金流出增加，短期内税负增加、利润减少；其次是对电网工程投资支出进项税额获取比例增大，可降低工程造价，减少现金流出。近期"营改增"政策实际落地过程中不断显现出各类问题，有些问题我们已经解决或正在解决，但新的问题还在不断出现，比如，试运行期间政府部门还在不断出台新的补充政策，目前指导性政策不全面，受其影响，我们对政策把握也存在不确定的因素；增值税税率档次过多，容易产生"高征低扣"或者"低征高扣"等情况，在实际业务处理过程中如何通过管理手段，避免"高征低扣"，合理应用"低征高扣"等问题，都需要进一步研究。

（1）税率影响

随着"营改增"正式在全国范围内实施，电力行业也进入到试点范畴内。从流转环节征税角度来说，电力企业主要分为两种形式，一个是增值税纳税人企业，如发电厂、供电企业等，另一个是营业税纳税人企业，如电力施工企业。随着税务体系全面改革，第一类企业在税率上发生了改变，受到影响比较重的是第二类企业。因为电力施工企业现有固定资产数量比较多，企业成本在某种程度上发生改变。通过进项税抵扣，让电力施工企业运营成本随之降低。参考电信等行业

税务政策实施情况来看，电力行业通过采用进项税抵扣方式减少业务成本，由之前6%的税率更改为3%，让和企业业务相关的一般纳税人及小规模纳税人成本不断降低，让电力企业获得更多优惠，减少企业纳税税额。

在电力企业内部，"营改增"会对税率产生直接的影响，针对电力企业的施工环境进行分析，"营改增"会在短时间内提高设施维修、租赁的税率，还会增加企业的经营成本。另外，在一定程度上优化了内部产业结构，进而提高核心竞争力。但是就实际情况进行分析，企业在税务支出与资源采购中还存在一定的问题。

（2）税负影响

在"营改增"政策全面实施的环境下，站在纳税额度角度来说，电力施工企业税率出现了增长。因此，电力企业应给予可抵扣税额管理工作高度注重，这也是减少电力企业税负的重要因素。如果企业在进项税额上无法全部抵扣时，企业在税务改革背景下税负将会上涨。通过对"营改增"纳税要求分析得知，在各个企业纳税项目中，可以进行抵扣的项目数额比较少。通过具体分析，技术咨询、输电线路建设和设备检修等业务纳税是无法抵扣的，其在税务改革后税率有所提高，工程设备和设施的租赁、维护等项目抵扣税负数额比较少，其在税务改革后税负也得到了增长。由此可见，在短期内"营改增"政策实施后税率将会提升，企业税务支出也就增加，企业税负也随之加大。

"营改增"税收制度的客观条件要求是，11%的增值税率，对于施工企业来说大部分都符合纳税人的认定要求。"营改增"实施以后，对施工企业重复征税的问题也得到了根治，进一步地释放了施工企业的税收负担。但是在"营改增"实施以后，企业面临的税收问题更加复杂了，税收负担更加沉重，反而陷入了税负的窘境。原因是企业成本所涉及的行业非常庞杂，受到了外部因素的干扰，所以造成税负的加重。具体表现在以下两个：第一个方面是企业的成本方面，因为施工企业的成本结构是劳务和薪资成本，这些是不在税额抵扣的范围之内；第二个方面是施工企业所涉及的企业基本都是小规模纳税人。就算这些相关企业向税务部门代开增值税发票，也只能抵扣施工企业税率的3%，实际情况是施工企业很少能获取足额的增值税专用发票，所以在抵扣进项税额时，就会直接增加施工企业税负。

（3）会计核算的影响

施工企业在"营改增"税收制度成功推行以后，给企业内部的会计核算带来的一定难度。主要体现在以下两个方面：第一个方面是施工企业财务会计核算方式的改变。因为之前核算营业税收时非常简单，在实施"营改增"税收政策之后，企业需要对增值税的各项明细进行详细的核算，同时还要明确地列出企业的成本和收入的情况。第二个方面是企业财务会计科目的改变，因为企业在以前进行营业税核算的科目是，营业税和附加还有应缴税费。"营改增"税收政策推行之后企业的核算变成了增值税核算，核算的科目变成了应缴增值税和应缴税费，而且核算的科目以下还有进项税额、销项税等明细，以上这些改变，加强了企业对财务会计核算效率的要求。

（4）财务指标的影响

我国的税收制度中，营业税就是企业资产价值之内的税收，增值税就是指企业资产价值之外的税收。因此"营改增"税收制度成功推行之后，为施工企业的财务目标带来了影响，主要体现在以下两个方面：第一就是给企业资产负债率带来的影响。以前的国家税收制度是，在应缴税费的科目中是不计入企业资产价值等进项税额的。但是因为增值税是企业价值之外的税收，所以实施"营改增"之后，应缴税费科目计入了资产价值在内的进项税额，这样就直接增加了企业的负债额度，由于施工企业资产价值的降低，造成了企业资产负债率的上升。第二个方面的影响表现在企业的经营指标。施工企业为加强经营者工作的效率，都会在年初对经营者制定指标。在以前的税收制度中，企业资产价值指标是包含营业税金的，但是在"营改增"推行之后，企业产值中不再计入营业税金，导致企业考核经营指标的改变。

9 某供电公司纳税筹划

9.1 某供电公司纳税筹划的条件

9.1.1 对各税种的优惠政策

关于税收政策，需要注意的是，由于电力是一个比较特殊的行业，是国家的垄断行业。国家为了支持电力企业的发展，使其能更好地提供服务，给予了电力企业很多优惠政策，比如实行税收减免等政策来减轻企业压力。Y公司是国有电力企业，因此它也享受了很多国家政策支持，这一点相比其他企业来说是一个得天独厚的优势。

（1）对增值税的优惠

在电力方面国家主要有以下几种优惠政策：免税、即征即退以及先征后退。具体来说，国家实行免税政策主要针对农村电网的维护，即征即退政策的服务对象则是大水电和可再生能源等。国家在近几年颁布的多项措施都对各项优惠政策做出了详细的规定和讲解，这些举措在很大程度上支持了企业的发展。

（2）对所得税的优惠

相对于增值税而言，国家对所得税的支持力度更大，近年来颁布了一系列措施来减轻企业所得税负担。关于所得税优惠的文件主要有《公共基础设施项目企业所得税优惠目录》，该目录的主要内容是对各项公共的基础设施所对应的优惠政策进行详细的介绍，比如当新能源企业首次获得收入时便可享受"三免三减半"的优惠政策。此外还有《公共基础设施所得税优惠》这一文件，只要企业满足其中的条件，就能享受到政府给予的税收优惠，比如部分风力发电的企业，若同时符合优惠的要求，就能享受到税负减半的待遇。多年来的经验也告诉我们，新能源的发展和公共基础设施的建设，离不开国家的大力支持。

（3）针对特有财富与特定行为的优惠

政府就特有财富与特定行为这一特殊层次也专门制定并颁发了一系列的课税优惠措施，针对本书中的研究对象，即有关电力公司方面，依照法律规范在多个层次实施优惠补偿方案，包括土地、厂房、相关交通工具等方面，特别是在其使用地方面程度更深，比如工矿区用地，都是免征土地使用税的。

（4）针对更多层次的优惠

政府针对某一方面的课税行为主要目的是为了限制或协调该领域的资源流通，而制定相关税收优惠措施的目的则恰恰相反，其优惠正是为了促进该领域的快速发展。就电力领域而言，一方面政府要限制其超常规发展，故就其账单账本方面征收具体的印花税；另一方面政府又要促使其正常运行，故就除上文提到的其他方面如绿色发展方面，还必须实施一定优惠补偿措施。

综合了解上述的相关课税优惠后，该电力公司要想获得在该行业领域的长期持续优势，一方面要做到遵守政府的相关政策原则，始终跟随国家层次的发展理念；另一方面也要努力规范自身运营，促使其行业领域能够营造出良好的前景氛围。

9.1.2 某供电公司纳税筹划目标

基于商业性质，某供电公司通过制定纳税筹划的具体方案，以期达到效益最优化的目标，具体来说就是通过研究各种税收政策，了解其中详细的纳税要求，科学分配本公司运营中涉及的应税项目比例，建立完善系统的纳税实操计划，争取在电力行业中占据良好的市场位置，抓住尽可能掌握的优势，助力于最终的财富利益增长。了解某供电公司的目标后，为促进其圆满实现，必须将目标贯彻落实到旗下各分公司的日常运作中，总分结合，共同致力于公司总体发展，坚持在平稳的发展态势中逐步激发企业活力，用实际行动力来督促公司的正常发展，不仅要保持公司已有绩效不掉线，更要重视国家税收方面的具体方针，吃透其中内涵，为企业增收提供条件。为实现某供电公司的目标愿景，针对实际情况制定了以下三个详细的分目标：

（1）节约非税支付

某供电公司中涉及税收的相关项目所产生的成本费用在公司综合成本费用中的所占比重不小，但是其中非税项目费用的支出并非必不可少，由于该公司规模类型、缴税时限、相关业务等多方面的限制，使得其在非税项目上所支出的成本费用很大。为了达到节省成本的目的，某供电公司中涉税的组织机构应尽快建立并完善与政府之间的信息流通网络，减少涉税项目来回流转所消耗的人力、物力与财力资源，适应现代化互联网事务办理流程，减轻在非必要事项上的资金消耗。

（2）降低纳税负担

某供电公司应积极研究相关的税收措施，依法从事企业日常运作，合理安排、统筹分配公司应税项目的所占比例，达到科学节税的目的。另外也应主动了解国家在电力资源方面相关优惠补偿手段与方式，并在可能的情况下予以主动探求，尽量降低企业的课税负重。

（3）优化企业税收环境

某供电公司在实际运营过程中，应自觉主动地承担更多社会责任与义务，合理提高公司的社会效益，这要求财务主管发挥其领导作用，构建出政府与企业之间紧密友好的关系，不断改善企业税收环境氛围。

9.1.3　某供电公司纳税筹划方案

（1）确定纳税筹划主体

在现在的社会中，绝大多数的企业所拥有的公司不止一家，甚至有许多企业所拥有的多家公司所做的商品都是不同的，甚至互补相关，这就需要确定出纳税主体。假如 X 公司是一个企业的总公司，其下包括矿产，医疗等多家子公司，而 X 公司主要是做保险业务的，显然和这个企业的子公司所做的业务完全不相同，因此这些公司所缴的税也各不相同，其应属于完全不同的几个部分。但这些公司却属于同一个企业，这些子公司也应服从 X 公司的发展，自然所缴的税也应服从于 X 公司。

一个企业在纳税前都会提前进行计算，计算的主要目的是制定详细的纳税方案，确定好本次纳税的负责部门和管理人员以保证纳税的顺利进行，这一过程也被称作纳税筹划过程。但在纳税过程中，X 公司需要制定与子公司相互协调的纳税方案，因此 X 公司需要设计专门的财税部门，并设计其他的部门以确保这些部门能够相互合作。在总体的纳税条件下，其他的子公司可以进行调整以符合自己的要求，但总体上必须和 X 公司保持一致。

（2）规划纳税筹划要点

纳税筹划——每个公司都希望能够获得最大的利润同时所缴的税尽可能地少，以保证公司能够获得最大的收益。这就需要公司进行纳税筹划，使得公司能够在符合法律要求的情况下，尽自己最大的可能使得企业所交的税降到最低。因此，企业在纳税之前进行纳税筹划是一个企业发展过程中必须要做的事情。不同的企业进行节税的措施也大不相同，但大多数企业都主要包括以下几点。例如：大多数企业都会实时关注国家相关政策的变动，这对企业进行节税有很大的帮助；再者就是从企业的各个细小的环节出发，对企业每个环节都进行核算，使得企业能够获得的最大的利润同时所需缴纳的税收达到最低；最后就是适应国家推行对企业某个环节的税收优惠或者减免政策等。在一个公司进行纳税筹划时也应该有很多方面的考虑，其主要内容如下：

适当的形式：我国的企业有很多种不同的形式，比如"单人业主制"的独资企业、多人共同出资创办的合伙企业、公司等。这些公司在法律责任和法律规定上都会不同，当然对于这些不同种类的公司所缴纳的税收自然也会有不同的要求，所缴纳的税收的金额也会有所不同。而我国对不同的公司类型也会有不同的优惠政策，特别是一些刚兴起的行业和部门，因此充分地利用国家对不同公司的优惠政策来进行纳税筹划是非常重要的。

利用成本来减税：在税收筹划的过程中我们为了尽可能地使得所缴纳的税收达到最低，我们需要对成本的花费进行计算，这也被称作会计成本核算。它和费用摊销一起被称为税收筹划的两个重点，他们是税收筹划不可缺少的一部分。一个公司为了在一定程度上降低税收的负担，使得公司能够获得最大的利润，这就需要我们必须在花费的核算上入手，对这些核算加以利用，比如提高成本的花费使得公司所获得利润减少，这样公司所需缴纳的税收就会得到降低。在减少利润方面需要公司的税收筹划部门进行详细的规划，保证企业在合法的情况下使得缴纳的税达到最低。我们可以从以下几个方面采取方式去达到我们的目的，比如在存货的计价、提取折旧的方面。

延缓纳税的时间：为了使得公司的获得的收益达到最大，企业可以在纳税的最后规定期限进行纳税，尽可能地拖延纳税的时间即延期纳税。通过这种措施可以使得公司能够在这段时间内能够拥有足够的现金去投资其他的项目，使得我们能够充分地利用这部分现金来使公司获得更大的收益，即使公司缴纳的税仍旧和从前相当，但公司却利用这笔资金赚取了更多的钱，从而使得公司获得了更大的收益。但公司必须重视的是，我们不可超出规定的期限，否则会使得我们公司获得更大的损失。

（3）纳税筹划的范围

关于企业所得税：净利润＝主营业务收入－主营业务成本－主营业务税金及附加期间费用及其他－企业所得税＝毛利－主营业务税金及附加－期间费用及其他－所得税，则毛利＝净利润＋所得税＋主营业务税金及附加＋期间费用及其他

关于增值税收：应交增值税＝销项税金－进项税金－期初留抵＝收入×税率－成本×税率－期初留抵＝毛利×税率－期初留抵

毛利＝（应交增值税＋期初留抵）/税率

将上述两式合并得：

企业所得税＋净利润＋主营业务税金及附加＋期间费用及其他＝

毛利×税率－期末库存×增值税税率

以毛利为纽带,将两个不直接关联税种结合在一起分析:对于不同的业务产生的税往往会存在着很大的区别,这使得不同类型的公司所缴纳的税的金额或者比例都有很大的差别,但笔者发现不同业务所需要缴纳的税也有着一定的联系,而这种联系就是毛利,通过这种关系笔者将不同的业务进行了联系。对于一个企业的库存量的变化也有可能影响着该企业所需要缴纳税的比例,因此企业可以根据企业库存量的变化进行及时的交税筹划,同时企业也需要加强对库存量的管理。

9.2　某电力筹划方案的实施

9.2.1　税种的筹划

(1) 增值税的筹划

电力企业的运营主要依赖于先进的技术和充足的资金,而对于其中的上市公司来说,固定资产的作用至关重要,这是因为在电力企业的资产中,有的企业固定资产占比甚至超过 4/5,而且其金额极大。为客户提供充足的电力,维持企业的生存离不开固定资产。因此,本次增值税主要围绕固定资产提出相关筹划思路。

首先,公司资产总额达到约 700 亿元,固定资产为 418 亿元,规模很大,从公司报表可以看出,有过半的资产都是固定资产,这主要受电力行业本身影响:电力行业主要业务是发电,而发电离不开发电设施,这些设施数量巨大,这一点在会计报表附注中也有所反映,固定资产中大概有九成都是发电设施。

抵消内部增值税项：根据会计的相关规则和制度，企业内部的关联方发生的交易，增值税的销项税额和进项税额可以实现抵消。电力企业可以合理利用这一点来抵消应缴税费，即通过向其关联方提供服务，如咨询和动产租赁等服务来实现。

为了便于理解，举一个实际案例：某电力企业有两个内部单位 A 和 B，某电力分别拥有 A 和 B 股份达到25%以上，现 A 向 B 提供采购咨询服务，需缴纳6%的增值税。分别从三个角度来分析，首先，对于 A 来说，原来需要缴纳5%的营业税，而在2016年我国全面实施"营改增"后，将需要以6%的增值税率纳税，当采购物资和其他固定资产时，如果不计算可以抵扣的进项税时，A 单位的应缴税费有所增加；其次，对于 B 来说，一方面可以收到 A 的增值税，而进项税可以抵扣，从而应缴增值税减少；最后，对于整个企业某电力来说，该项交易的增值税进项税额与销项税额可以抵销，原来需缴纳营业税，从而企业应缴税费减少。

合理分摊企业税负：电力企业可以通过合法的手段，通过对企业外部的各项业务操作，来降低企业自身需要纳税部分的数额。对于一些大中型企业来说，可以通过有效的运作，将税负转嫁到相关企业。举例来说，在材料采购时，税负由原材料售方承担；还可以将外包的项目税负转嫁给项目承担人。

举例来说，当 C 单位为 B 提供外包检修服务，而 C 又向 B 租赁工器具时，在2016年后，应缴纳17%的有形动产租赁增值费，无疑，承担的税负加重。为了应对这种情形，可以通过一定的方法来避免有形资产租赁所缴纳的高额增值税，如 B 可以将两份合同合二为一，都以检修或者租赁来签订合同。

（2）企业所得税的筹划

税制对企业的收入和利润有很大影响。2016 年全面实施"营改增"，在确定企业的实际收入时，需要将所包含的税扣除，极为不便；另外，供应商在销售固定资产时，由于缴纳的是增值税，所以顾客可以抵扣增值税的进项税额，从而企业所要缴纳的税额减少；最后，企业需要缴纳所得税的部分增加，这是由于营业税可以在税前扣除，变成缴纳增值税后，税金不可在税前扣除。

对于某电力企业来说，主要依赖于火力发电，而火力发电必然少不了煤，作为最主要的材料，煤的用量决定了某电力企业的成本，而成本与利润分不开，而企业的所得税又受利润的影响，因而煤的用量以及余量极大地影响了企业的纳税额。

存货计价方法：销货成本与期末存货的和恰好等于期初存货和本期购货。因而，期末存货越少，销货成本就会越高，从而，本期的利润就会有所下降。存货的成本在本期和期末之间的分配由计价方法决定，从而会影响到企业的收益，还会改变企业需要纳税部分的数额，对企业的资产、负债、利润、收入等都有一定的影响。存货计价方法有多种，主要分为四类。第一种是加权平均法，第二种是个别计价法，第三种是先进先出法，最后一种是后进先出法（2007 年已废止）。（依据《企业会计准则第 1 号——存货》）

筹划方法：一般情况下，在不同时间购进的存货，价格也是不一样的，此时，计价方式的差别，必然会导致存货发出时的价格的差异。下面将对某供电公司 2019 年 3 月煤炭的计价方式进行研究，并以此为例，分析不同的存货的计价方式下某供电公司的成本（见表 9.1）。

表 9.1　　　　　　　　　　　　　2019 年 4 月煤炭收、发、存情况

日期	购入		发出		结存数量
	数量（万吨）	单位成本（元）	数量（万吨）	单位成本（元）	数量（万吨）
1 日结存	40	180			40
5 日购入	35	200			75
15 日发出			15	190	60
20 日购入	30	190			90
25 日发出			55	215	35

对于该月煤炭的成本在本月和月末的分配上，在采用不同的计价方法时，其计算结果也不一样：

本月可供发出的存货成本（煤炭）= 40 × 180 + 35 × 200 + 30 × 190 = 19900（万元）

方案一：采用先进先出法

本月发出存货成本（煤炭）= 15 × 180 + 25 × 180 + 30 × 200 = 13200（万元）

月末结存存货成本（煤炭）= 19900 − 12350 = 7550（万元）

方案二：采用月末一次加权平均法

存货的加权平均成本（煤炭）= 19900/（40 + 35 + 30）= 189.52（元/吨）

本月发出存货成本（煤炭）=（15 + 55）× 189.52 = 13266.67（万元）

本月月末结存煤炭成本 = 19900 − 13266.67 = 6633.33（万元）

方案三：采用移动加权平均法

6 月 5 日结存存货单价 =（40 × 180 + 35 × 200）/（40 + 35）= 189.33（元/吨）

本月 15 日发出煤炭的成本 = 15 × 189.33 = 2839.35（万元）

本月 20 日结存煤炭单价 = $(60 \times 189.33 + 30 \times 190)/(60 + 30)$ = 189.55 （元/吨）

本月 25 日发出煤炭的成本 = $55 \times 189.55 = 10425.43$ （万元）

6 月末结存存货成本（煤炭）= $19900 - 2839.35 - 10425.43$ = 6635.22 （万元）

对于一个企业来说，降低成本很重要，从以上计算结果中笔者分析发现，采用第二种计算时，存货的成本主要记在月初发出的存货上，不同的计价方法会带来成本的不同分配，尤其是当数据更有明显的代表性时，三种计算方法的差别更是显而易见，所以，选择适合的存货计价方法尤为重要。对于某供电公司来说，必须对材料价格的变化极为重视，同时，还要对未来一段时间内的价格进行合理预测。在价格变化不同时，企业要采用的计价方法也不一样。

对于先进先出法来说，存货的成本更多地被分摊在期初，因而这种计价方法下，期末需要纳税的部分更多，所以这种方法适用于存货价格处于下降阶段。对于一些由于技术不断进步而导致供给量远远超过需求量的存货来说，其价格必定会持续下降；对于一次加权平均法来说，与先进先出法有异曲同工之妙，然而其所起的延缓纳税效果更佳，从而使得分摊在本期的利润减少，这种方法比较适用于价格一直上升时。目前，存货的价格呈上升趋势，所以这种方法使用较多；当存货的价格一直在变化时，其所要纳税的部分也会跟着上下波动，所以企业需要尽可能地削弱这种影响，在这种情况下，倾向于利用（移动）加权平均法计算。但是，当价格变化大，并且价格很高时，这种方法就不再适用，此时，需要采用个别计价法。

9.2.2 存货耗损的处理

某供电公司作为总管理公司管理着众多的工厂，这些工厂的主要工作内容就是利用煤炭提供电能和电暖。煤炭作为一种不可再生资源，除了不够环保以外，还会因为天气的湿度温度，造成煤炭总量减少，产生不可避免的耗费。因此，某供电公司特制定了《某供电公司燃料储存损耗核算标准》，根据标准确定耗费的具体数额。此标准的出台，在一定程度上降低了某供电公司应该缴纳的税款金额，降低了生产成本。这项标准的生效也需要从上至下各个部门的共同认可，第一级是便是税务机关，在经过税务机关批准后，这项标准才可以生效，由哪个部门担任监管的角色呢？答案是燃料管理层，这个部门定期赴某供电公司下属的公司工厂检查燃料使用情况，要求损耗不得高于每天储存煤量的0.5%，在某供电公司财务部的核算下出具明细提交给税务机关，最终一步就是某供电公司自行计算需要少纳的税款金额，简化为下述公式：

调减应纳税所得额＝月度日均库存煤量×当期平均煤炭价格×0.5%×2，国家为了促进非国营企业的发展，出台了很多政策，来鼓励支持各种所有制的发展，因煤炭的耗费而降低这些公司的税款，也是众多优惠政策中的一项。国家鼓励支持这些公司发展，也要求这些公司积极地降低煤炭损耗，主动地清点煤炭储存量，尽可能细致地明确损耗量。这主要依赖于某供电公司财务部门，加强管理。

9.3 某供电公司税收筹划面临的风险

9.3.1 纳税筹划主体力量不足

公司组织机构较多，下属子公司分布在 A 内主要的发达地区和相邻省份，多据点而分散。这些子公司虽然在某供电公司的统一领导下，但是空间上无法协同，各自拥有各自的管理体系，即使某供电公司想要统一管理税款，因为员工人数少，地域广度大，人事调动不便。员工工作素质上，因为没有进行统一培训，统一管理，造成工作上有很多问题而不自知，管理出现漏洞，影响某供电公司纳税方面出现问题，降低税款缴纳的效率和质量。

9.3.2 财务部门专业能力不够

税收是我们国家最大的财政收入，缴纳所得税的工作一般都交于公司内部的财务部门，因此放在财务人员身上的担子很重。为了完成公司或企业的重要纳税问题，每个员工的个人的能力都至关重要。首先，公司财务人员要跟随时代发展，认真研读国家经济部门最新出台的条例，同时不断提高自己的业务技能；其次，要站在政策制定者的角度，把握国家对于税收相关政策的制定意图；最后，了解自己公司的基本状况，起到螺丝钉和风向标的作用。

9.3.3 风控系统的缺乏

企业税收筹划与风险并存，为规避风险，某供电公司应当从以下三个着力点解决建立自己的风险控制系统的问题，更好地为所得税问题服务。(1) 风险的评估与解决。成立风险管控评估小组，针对公司具体的经营情况，制定纳税方案，讨论选取对公司整体发展最有利和风险最小的方案，降低风险。(2) 纳税过程的把控。面对纳税过程中可能出现的问题，要做到事前事中事后三方面的控制与监督，避免风险。(3) 评估与监控。虽然通过以上两种方法可以降低风险，但是风险不可能被彻底消除。

所以，在整个风险的控制系统中，有两个不可缺少的关键部分，包括优秀的业绩评估机制与对风险的监测与预防。上述的两个环节主要目的就是在税收交易完成之后对整个税收方案进行总结与评估，并且会按时对可能出现的风险进行预防，然后让这些风险控制在适度的范围内，同时让设计的方案根据实际情况不断调整。

9.3.4 不同期间的现金流量

公司的管理层在设计方案时，首先要考虑的就是自己的设计方案能否实现公司收益的最大化，同时最应该值得关注的是，筹划纳税工作的根本目的就是要将成本保持在一个较低状态。当管理者在制定纳税的目标时，时间因素以及方案所存在的风险这两方面都不能考虑在其中，因为当管理者在筹划纳税的时候，中间掺杂了大量不同时间以及不同风险的现金流通量，最终就会导致管理者的决策出现偏颇，进而出现失误。所以管理者在设计方案的时候，就应该多方面、多角度的进行研究，需要考虑的方面涉及监控管理等方面，防止企业将重心仅仅放在提高收益上，导致税收短期化，从而给某供电公司造成难以弥补的损失。

9.3.5 纳税人对涉税规定的认知偏差

对于大多数的电力部门企业来说，他们在进行税收统筹过程中具有很强的地域特点，因此会影响当地的财政情况，而且他们还有承担政府部门税收的职责，如此以往，势必会对税收造成极其不利的影响。税务机关在企业的税收方面起到了决定性的作用，所以，企业对税收没有控制权，对企业自身的发展造成阻碍。除此之外，税收方案的可实施性以及是否符合法规在很大的程度上受到税务机关的约束，只有得到税务机关的肯定后，纳税方案才能够执行，企业才能得到收益。在如今我国有许多法律法规都阐述了税收的相关政策，但都不是特别清晰，内容也较为宽泛。

税务机关是被法律所授予权利的部门，因此，在税收方面具有绝对话语权，在税法范围内有决断权。在税收中，税务机关与纳税人之间可能会产生认识上的根本差别，比如纳税人认为自己做法合理的情况下，税收机关就有可能认定为偷税漏税，因此，很多企业不仅不能够减少税收，甚至有可能收到法律的追究，对于像某供电公司这样大型的公司，对自己名声更是有可能受到损害，然后带来负面社会影响。为了避免这类事件的发生，纳税人有必要提前与税务机关进行交流，来确定纳税机关在许多方面与自己认知的差异。例如，业务招待费和差旅费、广告与业务宣传费和赞助费用的划分，这些问题都是在交税之前需要和相关税务机关商议清楚的。因此，某供电公司要是想在交税时不出现纰漏，就必须及时地与相关部门进行纳税方面的沟通，从而把风险降到最低。

10 "营改增"下电力企业
税负影响的应对对策

10.1 正确对待"营改增"，对其影响理性评估

2016 年 5 月 1 日起，随着"营改增"在全国推行。电力企业也是营改增改革范围内的重要一员。电力企业作为"营改增"范围当中的企业，需要明确当前存在的发展机遇，并牢牢抓住机遇，针对自身制定的有效的会计核算等实施积极变革，以便对新型的税制体系进行适应。在对自己的核算方式进行转变的过程中，需要先将自身的业务操作能力进行提升。只有应用正确的眼光对待"营改增"，才能顺利迎合时代的发展变革。

10.2 科学开展纳税筹划

自 2019 年 4 月 1 日起，增值税税率原适用 16% 税率的，税率调整

为13%；原适用10%税率的，税率调整为9%，从电力企业的实际发展状况进行分析，基于"营改增"环境下，电力企业具有一定的纳税筹划能力。企业在进行管理的过程中，要想从根本上减少不必要的经济损失，就要从强化内部管控入手，选择适当的税收筹划关键点，进一步确立合理的纳税筹划方案，降低税负。例如，电力企业经过纳税筹划，能够及时发现税务与"营改增"之前有大幅度提升的现象，可以考虑对小规模的纳税资格进行申请，利用简易计税方式进行计税。虽然小规模的纳税人不能像普通纳税人进行进项税额的抵扣，但是能够根据增值税税率的3%进行纳税，通过这种方式能够有效降低企业的税负，最终通过推进税制的不断改革，完善抵扣进项税，保证纳税筹划的科学性展开。

针对电力企业开展的对外业务，应做好科学规划和管理工作，采用减少税基方式，降低企业税负压力。特别是针对大规模电力企业而言，应科学筹划经营项目，例如在进行材料采购过程中，选择规模大的供应商，并且把一些业务采用对外承包的方式减少企业税基。这样可以消除外部部分税款，实现企业科学税收筹划，给企业创造理想效益，促进企业税收利益稳定增长。

10.2.1 以业财协同联动为抓手，实现税收管理横向融合和纵向贯通

建立内部会商机制，实现税收管理的业务财务协同联动，在设计、招标、采购、建设、运维等环节优先安排，制定税务管理手册，规范业务和财务的职责和操作流程。

开展税务内控测试，积极查找前端业务管理的薄弱环节，对公司层面重要控制内容进行测试，重点关注与税收遵从相关的公司控制环

境和信息、沟通等方面风险。完成省、市、县 S 级财务和业务部门问卷调查，访谈公司管理层，开展健全性和符合性测试，发现风险易发和潜在环节；对公司业务流程活动进行测试，重点关注与公司财务报告、纳税申报相关的风险。以将公司的相关交易分为发起、收取、处理和报告等多个环节，全程监督和跟踪，从中发现控制活动中具体的风险点。汇总分析测试结果，并对测试情况进行综合评价。构建双税务稽核模块，对业务执行情况开展穿透式稽核，建立财税考核指标体系，实现税收筹划管理的闭环管理。

10.2.2　以财务信息化为手段，推动税收风险防范的自动实现

开发增值税进项税发票认证信息与金穗系统的自动比对功能，开发增值税非应税项目进项税转出自动判别功能，设计所得税税法和会计差异自动计算表，设计企业所得税调整事项的全口径自动统计功能。

以开源增效为导向，争取财税政策取得丰硕成果。主动协调各级财政、税务和技术主管部门，严格落实既有税收优惠政策。主动加强与省、市、区等各级税务机关沟通，公司主动与省发改委、省科协和市经信委沟通协调，分别促成其对公司农村电网公用基础设施投资项目许可、对研究开发费技术先进性和节能设备技术性能的认定。积极争取各项税收财政资金投入和返还，拓宽电网建设资金来源。

10.2.3　议价值增值为目标，提升税收筹划的决策支持能力

开展营销业务收费政策统一管理和筹划研究，开展其他业务支出

"营改增"统一管理和筹划研究。开展"三集五大"体系税收管理模式筹划研究。认真研习"五大"改革，积极与税务机关沟通协调，对"五大"新设机构采用分公司模式，并协助其办理一般纳税人资质，确保五大单位增值税进项税纳入省公司的统一清算。结合管理实际，统筹内外部资源，建立房产税、土地使用税税费代交新模式，解决了五大单位交税地点多面广、财税人员配备不充足、交费渠道不畅通的困难。

作为施工企业财务会计，伴随着"营改增"税收制度的到来，对税收工作要进行相对专业的筹划，积极寻找最合适的方式方法，最大限度地降低税负。"营改增"的到来更加规范了施工企业的材料采购，在采购过程中企业才能够取得增值税专用发票，有效抵扣销项税额，减少企业纳税。如果施工材料由另一方指定或提供，那么增值税票将无法获得，更不能抵扣相应的销项税额。所以包工包料的施工合同对施工企业来说才是最好的，才能获得更多的抵扣税票，为施工企业最大限度地减少赋税。在供应商的选择方面，企业财务要根据实际的税务情况不断转变思想，价格并不是提高利润的最大方式，一定要权衡利弊，做好选择能够提供增值税专用发票的正规供应商，对整个税收工作做好统筹和计划。

10.3　加强企业运营分析

为了降低"营改增"政策实施给电力企业运营发展造成的影响，在进行税收改革之前，应做好经营分析工作，具体探究当前我国电力市场运营发展状况和企业运营情况，对税务体系改革实施的必要性及有利性进行分析，掌握税务改革后电力企业税负变化情况，进而减少企业税收成本角度入手，根据实际情况，科学设定纳税筹划方案。电力企业应该清晰的了解"营改增"政策实施给企业运营发展提出的考验，对"营改增"政策有深入了解后，定期开展培训工作，主动参与专题讲座活动，根据企业实际及税务部门指导标准，提升电力企业纳税管理水平。通过分析税务改革给电力企业发展带来的影响，抓住发展机会，适当扩充利润空间，采用供应商排查方式，对企业生产成本支出情况进行盘点核查，及时和相关负责人联系，加强企业税务管理，维护企业合法权益。

由于电力企业与国民经济发展有着直接的关系。因此，在实际的管理过程中，要建立相应的运营管理体系，结合战略性发展目标，开展评价与设计工作，转变自身的生产及电力服务。电力企业在实际的发展过程中，要进一步提高自身服务质量。另外，在推行"营改增"政策后，要有效提升财务人员的专业水平，尤其是相关的工作人员需要熟练的掌控税负方面的政策压力，才能够为企业降低税负压力，从而提升企业效益。对于生产制造、采购供应及产品开发等方面要形成完整的价值链。另外，利用集成管理的方式强化管理强度，进一步将产品与服务在投入转换中创造出来，逐步实现价值增值的基础发展目标。

10.4　组建专项研究团队

电力企业内部需要结合"营改增"政策要求，由财务部门牵头组建专业的"营改增"专项探究团队，定期开展税务政策培训工作，让企业相关人员能够对最新政策内容有深入了解，便于纳税筹划工作顺利开展。在编制纳税筹划方案时，应邀请税务部门、中介部门等对"营改增"政策实施给电力企业运营发展带来的影响进行综合评估，结合企业实际，引导财务管理工作顺利进行，把提升企业业绩、实现效益最大化为目标进行税务筹划。此外，明确电力企业"营改增"转换中多部门协作要求，优化改革现有的管理流程，从内部控制、定价决策、发票管理等方面入手防范税务风险，确定"营改增"对企业税负、供应商价格、过渡项目等带来的影响，重新规划编制业务流程，设定财税体系，加强企业管理，保证内部管理的专业化和规范化。

10.5　强化企业发票管理

企业外部资源采购作为电力企业进项税中不可缺少的一部分，在税务体系改革以后，该部分可以根据相关标准进行抵扣，所以，做好电力企业采购及管理工作，对减少企业税负有着重要意义。但是受到增值税税率因素影响，一些企业在外部采购资源的进项税抵扣方面出现重复抵扣或者抵扣不全面状况，使得企业存在重复纳税或者未足额纳税状况，这样不仅让企业经济效益遭受一定损失，同时也会制约电力企业今后发展。所以，电力企业应强化采购资源管理，做好资源数据核查工作，给抵扣工作顺利进行提供保障。此外，企业应加大增值税专用发票管理力度，安排专人负责，从发票开具、应用等方面入手进行管理，保证发票可以在有效期内到税务部门认证抵扣。

基于"营改增"背景下，要想进一步促进电力企业税务工作的顺利过渡，就要对企业内部现有的营业税发票的项目，合理的开展梳理工作，并立足于实际情况，进行总结与整合。相关的工作人员要对于电力企业的工程项目、服务项目进行合理的区分。针对在建设过程中的工程项目，要进行核对，针对没有取得的发票与已经取得的发票，要建立相应的备查档案。由于"营改增"政策的落实，增值税进项税额的抵扣务必要在规定时间内抵扣。电力企业在实际的发展过程中，要想进行进项税额的抵扣，有效降低企业的税负问题，就要安排专门的工作人员进行增值税发票的管理，使相关的工作人员都能够明确自身基本职责。只有强化对于财务部门人员的管控力度，才能够在各项票据中进行管理、分类，进而有效地降低电力企业税负，逐步获得更高的经济效益。

执行一般计税方法的单位，要求供应商在"营改增"后开具增值税专用发票；对于执行简易征收法的单位，要求供应商开具增值税普通发票；营改增后各供应商在月底结算时按合同约定开具增值税发票，确保开具的发票真实性、合法性、有效性。

"营改增"后，增值税发票开具的流程变更如下：

（1）集团公司/支撑单位/市公司/县公司税务管理岗负责按照《增值税专用发票使用规定》办法规定按月向国税部门办理增值税发票的购买、领用、保管和缴销手续。

（2）集团公司/支撑单位/市公司/县公司税务管理岗领购发票后将增值税专用发票交付至业务部门开具，并登记发票领用台账。

（3）发票开具部门开具发票后将记账联交回财务部相关人员进行收入账务处理。

（4）集团公司/支撑单位/市公司/县公司税务管理岗判断是否需要开具红字增值税专用发票。

（5）如果需要开具红字增值税专用发票，则由税务管理岗向税务部门提交申请，如果不需开具，则直接进行增值税纳税申报。

（6）由当地国税局对申请进行审批，审批通过后签发开具红字增值税专用发票通知单。

（7）集团公司/支撑单位/市公司/县公司税务管理岗通知开票人员在防伪开票系统中导入开具红字增值税专用发票通知单，开具红字增值税专用发票。

（8）集团公司/支撑单位/市公司/县公司税务管理岗进行增值税纳税申报。

（9）集团公司/支撑单位/市公司/县公司税务管理岗在完成"国税局申报缴纳增值税"和"增值税抄税管理"流程后，将经认证的发票和认证清单装订成册留存备查。

（10）集团公司/支撑单位/市公司/是公司会计主管审核认证结果清单金额是否与账面进项税额相符，是否与已认证的增值税专用发票数量、金额相符。

（11）资料归档。

在施工企业中，增值税专用发票有十分重要的作用，是在企业经营中抵扣进项税额的原始凭据，无论是任何企业，在发票的管理方面一直都是一个重点，所以完善的制度和管理措施是必备的。施工企业与其他对象签订合同开始，对发票也要进行一定的要求，相关的财务会计按照要求和规定开具和送达发票，并且明确发票管理责任到人，如果出现以假乱真或者是丢失，相关的财务会计要承担起相应的责任。财务会计发票需要认真仔细的保管发票，降低发票的损坏和丢失率。由于增值税专用发票具有一定的抵扣期限，最长不超过180天，所以财务会计一定要在规定的期限内完成认证和抵扣，避免因自身会计工作的失职而给施工企业带来经济损失。

10.6　加强资源采购管理

由于企业一部分外购的固定资产、存货、服务等所缴纳的增值税构成进项税额，进而将产品销售服务中需要缴纳的税款抵消掉。若企业在资源采购的过程中不能进行进项税的抵扣，必然增加电力企业的税负。另外，在企业的采购资本中，规范发票填写，不能将抵扣的进项税包括进去，导致电力企业成本增加。因此，电力企业务必要给予相应的重视，从以下几个方面入手，加强对于资源采购的管控。

（1）对外购资源订单进行管控。电力企业要将资源采购订单作为基础，利用分门别类的方式开展资源管理工作，对于外购资源的质量、安全性及规格进行确认与选择，都需要进一步强化监督管理力度，对于产品的到货状态进行管理以便及时做好当期票据验证并抵扣销项税。

（2）对外购资源计划进行管控。电力企业的相关工作人员要明确年度的生产及销售计划，利用定购的方式，进一步确定采购计划，针对采购税金进行预估，将采购计划进行罗列，并将其作为采购计划中的基本要素。在此之后要根据电力企业的采购需求，对采购任务进行转化，逐步加大对于资源采购管理的力度，对于劳务进行合理的调度，进一步强化外购存货与固定资产的管理，从根本上避免重复纳税的现象发生，相关的工作人员可以通过制定外购资源计划的方式，尽可能的抵消产生的进项税。

（3）对外购资源订单的程序化管控。首先相关的工作人员要对外购资源增值税发票进行管控，通过相关的采购发票针对进项税额进行抵扣，将进口增值税专用款项中的税额，增值税发票其中的增值税额进行进项税额的计算。若纳税人属于小规模的性质，就可以在主管税务机关由企业的纳税人进行增值税发票进行。基于"营改增"背景下，利用这种方式能够使企业的采购成本有效降低，还能够对增值税进项税额进行抵扣。开展程序化的管控：企业通常需要在 360 天之内对于增值税的相关发票到税务机关进行认证与比对，务必要保证数据的准确性。否则将会导致企业不能通过税务机关的审核，无法进行抵扣，使电力企业的税负不降反增。

10.7　实现税种平稳转换

电力企业内部在学习税务改革政策过程中，应落实好企业内部系统营业税改为增值税衔接工作，保证税种转换的合理性和合法性。因为营业税更改为增值税，和企业自身利益有着直接关联，影响深远，所以应给予转换工作充分注重，整合各个问题，及时交流。安排专人和财务连接，促进税务政策全面实施，认真处理跨期合同相关事务，特别是财务部门应结合时代发展，做好内部管理工作。企业针对过渡阶段产生的各种问题及时处理，引导"营改增"政策全面实施，保证企业在税务改革中稳定发展。在"营改增"实施过程中，电力企业应加强税收业务管理，提升税收筹划水平，把涉税项目及时整合和分析，落实好涉税业务清算工作，编制规范的开票体系，减少稽查风险。电力企业应加强三证合一管理，做好税务准备工作，如纳税人资格认证、增值税专用发票申请、等级评估等，对供应商资格进行核查，获取增值税专用发票，减少企业税负，降低税务风险出现。此外，电力企业应把现代化内部信息系统运用其中，以更好应对税务改革变化，如 TAX – PLUS 系统中，提升数据处理。

10.8　合理制定投资计划

电力企业针对"营改增"增值税的环境下，要面临着税负上涨的问题，电力企业要从提高自身的经营能力入手，结合企业的实际发展目标与经营能力，对企业内部的业务价值链进行合理的规划，进而制定出合理的投资计划。从电力企业的长远发展角度进行分析，电力产品的生产、输送以及提供的电力服务，在产品采购、产品服务设计等环节中，都要结合"营改增"税制的改革，进行合理的规划。尤其是电力企业在进行选择供应商的过程中，要对于供应商的资格进行管理与考察，尽量选择具有一般增值税纳税人资格的企业作为供应商。因为，只有企业具有增值税纳税人的资格，才能开具出正规的增值税发票，进项税额才能抵扣销项税。电力企业只有顺利的进行进项税额的抵扣工作，才能够有效降低税负问题。由此可知，建立完善的价值链的对于促进电力企业的长远发展十分重要，相关的工作人员通过对产业链进行集成化管理，逐步构建完善的管理模式，进而实现电力企业的税负切实降低。

10.9　加强招投标管理

10.9.1　招标采购时比价原则

对供应商的竞标价格的比对中，不能单纯以含税价格的高低决定中标结果，而是要充分考虑到不同类型的发票中包含的无税单价、采购成本及可抵扣进项税的综合影响，综合予以评定。对于可提供增值税扣税凭证的供应商，要求以不含税价作为招标商务核算依据，且考虑附加税影响。如属于增值税不可抵扣项目，以含税价作为招标商务核算依据。

执行一般计税方法的项目比价原则：执行一般计税方法单位，要求投标人的报价实行价税分离，注明不含税价和税率，需要考虑不同进项税率的影响，故应按照"评审价格"来进行比较。

比价公式：投标人评审价格＝净价＋净价×（所有投标人的最高进项抵扣税率－投标人进项抵扣税率）×附加税率之和执行简易征收方法的项目比价原则：执行简易征收方法的单位，可以直接按照各供应商报价的含税价进行比较。

比价原则案例：假设某项供电材料招投标中，有 Q、H、E 三个投标人进行了报价，Q 为增值税一般纳税人，含税报价 1170 元，进项抵扣税率为 17%；H 为小规模纳税人，含税报价 1100 元，能代开增值税专用发票，进项抵扣税率为 3%，E 为个人，含税报价 1050 元，只能提供普通发票。H 家供应商的材料质量相当，均符合采购标准，付款条件无差别，均不收取运费，假定附加税率之和为 12%。

则三家投标人的评审价格分别为

Q：1170/1.17＋1170/1.17（17% － 11%）12% ＝1000

H：1100/1.03＋110/1.03（17% － 3%）12% ＝1085.9

E：1050＋1050（17% － 0%）12% ＝1071.4（因为 E 只能提供普通发票，因其无进项金额可用于抵扣）

比较后，得出结论。虽然 Q 投标人含税报价最高，但评审价格最低。整体应对结论：在采购成本相同的情况下，对于供应商的选择应满足两个条件，首先是能够提供增值税专用发票，其次是由其提供的采购价格计算的可抵扣进项税最多，即该供应商适用的增值税税率应最低。

下一步管理措施：以"综合采购成本最低，利润最大化"为指导原则，"综合采购成本"指与采购货物支付的相关成本费用加交纳的相关税费的总和，包括购买材料支付的价款、材料运输过程发生的相关的运杂费以及无法用于抵扣的增值税进项税，再减去城建税及教育费附加减少额（因可抵扣进项税带来的）。以增值税下的"采购成本"作为比价基础，即：不含税价格 + 不可抵扣的增值税。采购成本相同时，应优先选择一般纳税人供应商；采购成本不同时，通过比较综合采购成本，逐步筛选确定。

10.9.2 招标采购时应对原则

招标应关注无税价格。"营改增"要求对现有投标方式进行调整，从比较含税价格转变为比较除税后的采购价格（成本 + 进项税），投标方案必须做税务风险评估，密切关注国家工程造价政策的调整变化。如针对政策执行时间的不确定性，及时调整投标报价策略，优化投标报价方案。规避风险建议近期项目按照两种报价方案考虑；加强分包商管理。分包商资格选择将直接影响企业税负水平，需要严格分包商准入制度，对其纳税人身份、资质等级、折扣方案比对进行严格管理。避免因分包方资质和能力问题不能开具增值税发票，无法抵扣；关注进项税可抵扣额对利润产生的影响。投标测算成本时需要考虑企业自身情况测算可抵扣进项税额的占比对利润的影响，以确定投标策略。

10.10　强化税务风险管理

对于税务风险，需要加强财税政策研究，及时掌握最新的政策法规，提高涉税风险管理意识；主动"请进来"，保持和谐友好的税收公关系，将原由外部监管机关实施的事后检查、查后处罚的模式转化为主动迎审、有效沟通的过程管理。

首先，充分做好前期准备工作。查找各项税收优惠政策和农网改造升级工程投资计划的通知，进行梳理和研读，组织集中学习新政策规定和相关要求，使我们能熟练掌握新政策的具体规定，充分用好优惠政策。

其次，认真做好备案资料的整理工作。根据"三免三减半"优惠计算表，填报《公共基础设施企业所得税减免情况备案表》等相关资料，报送税务机关进行申请备案，送是关键性的一个步骤。

再次，加强沟通与协调，督促政策落实。同地税局进行充分沟通协调，反复解释，提供补充资料，确保优惠政策落实。建立内部会商机制，实现税收管理的业务财务协同联动；在设计、招标、采购、建设、运维等环节优先安排；制定税务管理手册，规范业务和财务的职责和操作流程；对公司层面重要控制内容进行测试，重点关注与税收遵从相关的公司控制环境和信息、沟通等方面风险，完成省、市、县三级财务和业务部门问卷调查，访谈公司管理层，开展健全性和符合性测试，将交易分为发起、收取、处理和报告等多个环节，全程监督和跟踪，从中发现控制活动中具体的风险点。

最后，制定缺陷整改计划，并对完善内控制度提出管理建议。全面梳理涉税风险问题，建立风险管理目录，针对不同的涉税风险问题采取不同的策略：政策不透明或理解有歧义的涉税风险问题，应及时与税务机关主动沟通解决，并及时下达至下属分公司统一操作；对于内控制度本身缺陷所形成的涉税风险问题，应对内加强制度建设，对外主动沟通进行汇报。

下一步重点做好开发增值税进项税发票认证信息与金穗系统的自动比对功能，开发增值税非应税项目进项税转出自动判别功能，设计所得税税法和会计差异自动计算表，设计企业所得税调整事项的全口径自动统计功能，根据国家税务总局关于实施国家重点扶持的公共基础设施项目企业所得税优惠的政策及相关优惠目录的规定。率先实现电网公用基础设施项目投资所得"三免三减半"政策落地。

主动与主管税务机关汇报沟通，消除政策理解误区。把握电网企业业务的特殊性和行业特性，深入了解"营改增"政策，主动与税务部门积极沟通具体业务办理流程和标准，争取有利于公司的税收政策，组织市、县公司财务资产部提前筹划，结合公司实际工作，提前把握办理相关手续的节奏，协调各部室，落实好资料的梳理及报送工作。

主动加强与省、市、区等各级税务机关沟通，公司主动与省发改委、省科协和市经信委沟通协调，分别促成其对公司农村电网公用基础设施投资项目许可、对研究开发费技术先进性和节能设备技术性能的认定。

实现税收管理的理念深入人心，全员税收管理文化基本形成，税收管理向业务前端延伸，税收筹划协同管理机制建成，信息化管理手段不断完善，税收管理的效率进一步提高，规范管理的水平不断提升，税收风险防范能力不断增强，政策争取和筹划双管齐下，财税资金的来源进一步拓宽。

10.11 做好新建电网税收筹划

随着电网基建投资的不断增加，工程项目的数量和规模逐年递增，供电企业对进一步加强新建电网税收筹划管理，对于企业降本增效显得十分重要，第一时间适应"营改增"大环境，发挥好供电企业全过程工程项目纳税筹划管理能力，促进企业长远发展。

10.11.1 新建电网税收筹划管理工作描述

供电公司应建立专业的管理思维，在仔细研究税法基础上，充分利用国家税收法规各有利条款，做好资源统筹安排、指导各专业业务开展，做好纳税筹划，提高公司的财务管理水平。同时，应不断加大财务人员之间以及财务与业务之间的学习和交流，充分吸收和领会不断更新的财经税收政策精神，规范公司各项业务开展，在合法经营的前提下，最大限度地将国家各项税收优惠政策争取到位，最低税收成本保证公司利益最大化。

专业管理的范围和目标：

（1）专业管理的范围

2013 年国家税务总局发布了《关于电网企业电网新建设项目享受所得税优惠政策问题的公告》，对于符合享受"三免三减半"税收优惠政策的供电公司属地条件应抓住此次优惠政策统筹规划，对已竣工投运的电网新建项目进行梳理及时充分地利用此项优惠政策。

（2）专业管理的目标

正确认识税收筹划，规范会计核算基础工作，树立依法纳税的理念。税收筹划的实质就是对纳税进行事先的计划，同时也是财务规划的重要内容。为更好地进行纳税筹划，首先要从整体上进行考虑，应将所有的税种综合起来纳入税收筹划之中，绝不应该只考量某一个税种或某一类税种，而要从整个公司的角度考量税负水平的高低。此外，应将税负水平及其对现金流量的影响程度纳入财务预算的编制中，预算指标的分析也应充分考虑税金的影响，严格区分税前以及税后；以企业降本增效为抓手，将工程竣工决算效率与企业纳税筹划相结合，提高工程竣工决算效率的同时，切实降低企业成本；工程竣工决算管理水平市县一体化提升，纳税筹划管理是一体化开展，助推整体降本增效目标。

10.11.2 新建电网税收筹划管理的建议

（1）做好优惠政策的学习和研究

实时沟通，确保最新财税政策及时应用，并相互交流税收策划的心得与经验，召开专题培训学习，认真解读政策条款，并邀请税务机关和中介机构专家讲解企业所得税的相关文件和目前税收优惠政策，通过学习交流正确领会优惠政策精神，及时调整纳税过程中政策理解偏差。

（2）做好内部协同配合，提升工程财务管理质量

随着电网基建投资的不断增加，工程项目的数量和规模逐年递增，需要竣工决算的项目也逐月增加，工程竣工决算工作时间紧、任务重，竣工结算与决算所需的资料报送不及时，严重影响了工程竣工决算的

质量和效率，对于企业所得税影响越来越大。因此，对工程进行纳税筹划于企业降本增效十分重要。以"五位一体"项目竣工阶段的业务流程为基础，全面梳理工程竣工决算业务所涉及的部门、流程、相关人员及相应的各种时间节点及风险点，建立了一套以"职责""流程""标准"为核心，"制度"和"绩效"为保障的五位一体工程竣工决算管理模式，大大提高了工程竣工决算的效率；积极与项目管理部门沟通，结合项目里程碑计划，及时掌握项目建设进度，督促项目管理部门按时完成项目结算资料准备，确保工程项目决算及时。加大对工程物资核算的关注度，关注工程调库、退库操作，在工程转资环节，通过比对工程物料采购清册与实物资产移交清册，核实工程物料实际耗用与结余，督促加强工程结余物资管理。保障所有项目物资及时准确转为固定资产，为及时计提折旧打好基础；重点关注市县公司革命老区新建和农网升级改造工程，确保此类工程及时完成决算工作，提前享受企业所得税"三免三减半"优惠政策。

（3）做好工程项目资料收集和整理

协调公司研发、工程主管部门在立项时，对电网新建项目的可行性应进行充分的研究论证、审批程序要严格规范、项目的结算和决算工作应及时准确的完成；各部门应相互协调沟通以及时完成竣工决算报告编制；组织各部门做好革命老区新建项目的梳理确认工作。所收集数据的准确性决定备案工作的成功与否。财务部对于统计汇总的项目政府批复文件、投资计划、实际完成数、项目竣工决算及资产卡片等多项数据会同项目管理部门整理，并提前做好农网新建项目和老区新建项目分类。

（4）积极与主管税务机关沟通并争取政策支持

主动与税务部门积极沟通、争取政策，将老区新建电网基建工程、农网新建工程均纳入此次企业所得税减免优惠的电网项目范围。同时，组织市、县公司财务资产部提前筹划，结合公司实际工作，深入了解"三免三减半"的税收优惠政策。提前把握办理相关手续的节奏，协调各部室，落实好税收优惠备案资料的梳理及报送工作。

总体来说，在备案时需要与各级税务机关沟通三个方面：一是能否执行税收优惠，哪些项目可以享受优惠，如何计算项目的所得；二是备案的资料包括哪些；三是备案的流程。备案过程可能涉及包括税管员、征收科、税政科、分管局长等不同部门或人员，他们的理解有时候不太一样，所以针对同一个问题可能需要跟税务机关内部的不同部门或人员进行反复沟通解释，最终达成一致后备案才能成功。对于税务部门提出的疑问，及时与兄弟公司、所属公司单位进行多次沟通，做好反馈解释，争取支持。避免或解决税企分歧，营造良好的征纳关系。

（5）合理筹划工程发包方式

建安工程的发包方式有包工包料和甲供材两种，营改增后，对于甲供材项目税法规定可以采用简易计税办法缴纳增值税。由于材料和工程两种进项税的税率不一样，一个是17%一个是11%，所以采用哪种分包方式对发包方的税负有很大影响。实际中，在保证对方可以开具11%进项发票的同时对于一部分主要材料可以采用甲供材的方式，这样可以多获取17%的进项税。另外，如果部分甲供材后对方选择简易计税办法按照3%开具专用发票，这时存在一个临界点，即甲供材占总价（含税）的一定比例以上时，采用甲供材方式获取的进项税比包工包料方式获取的进项税多。

（6）聘请中介，做好符合条件项目的审核确认工作

引入中介机构对公司全年的纳税情况进行梳理，及时纠正纳税偏

差。审减项目主要为改造项目和扩建项目。决算转资的基建项目，先分阶段完成优惠项目信息统计上报、决算转资档案整理、文件分类整合送审等前期工作。将各工程项目的有关资料，发改委核准文件，省公司可研批复文件及省公司基建部、农电部的批复文件，新建电网工程项目的竣工决算报告（电子版和纸质版）和审计报告等相关资料整理成册，备案至省公司财资部，并在管控系统分项目类型录入企业所得税（三免三减半）工程项目明细表。

主要参考文献

［1］艾伦·A. 泰特. 增值税国际实际和问题［M］. 北京：中国财政经济出版社，2016.

［2］财政部，国家税务总局.《财政部国家税务总局关于在北京等8省市开展某电力和部分现代服务业营业税改征增值税试点的通知》（财税〔2015〕71号）.

［3］财政部，国家税务总局.《财政部国家税务总局关于在全国开展某电力和部分现代服务业营业税改征增值税试点税收政策的通知》（财税〔2016〕37号）.

［4］财政部. 国家税务总局《关于将铁路运输和邮政业纳入营业税改征增值税试点的通知》（财税〔2015〕106号）.

［5］财政部. 国家税务总局.《营业税改征增值税试点方案》的通知，财税〔2016〕110号.

［6］曹凤霞. 试论营业税改增值税对企业税负的影响作用［J］. 现代商业，2016（33）：254.

［7］常晋."营改增"对某电力的税务影响及对策分析［J］. 中国外资，2013（4）：130－132.

［8］陈安. 营业税改征增值税新阶段下的企业纳税筹划研究［J］. 商业会计，2017（17）：78－80.

[9] 陈虹. 我国增值税改革的回顾与前瞻 [J]. 中国农业银行武汉培训学院学报，2017（1）：95－96.

[10] 成记林. 增值税转型所面临的问题及应对措施 [J]. 山西科技，2016（5）：84－85.

[11] 成寿萍. 刍议交运企业 "营改增" 后的财务管理 [J]. 新会计，2015（6）：66－68.

[12] 发改委，国务院. 关于 2016 年深化经济体制改革重点工作的意见 [Z]（国发 [2016] 20 号）.

[13] 樊其国. "营改增" 试点地区税负差异的影响因素分析 [J]. 交通财会，2013（2）：76－79.

[14] 高鸿雁. 关于营业税改增值税对企业的影响 [J]. 财经界（学术版），2015（12）：265－266.

[15] 高峻伊东. 税制改革的政治经济学 [M]. 北京：中国人民大学出版社，2017.

[16] 谷晓婷. 浅谈营业税改增值税对企业的影响 [J]. 财经纵横，2015（7）：243－244.

[17] 关于今年一季度本市推进实施营业税改征增值税改革试点运行的基本情况 http://www.csj.sh.gov.cn/pub/xxgk/swdt/201205/t20120514_398791.html

[18] 郭静. 某电力改征增值税的探讨 [J]. 现代商业，2010，32：137.

[19] 国家税务总局，财政部. 关于上海市开展某电力和部分服务业营业税改增值税试点的通知 [Z].（财税 [2016] 11 号）.

[20] 国家税务总局，财政部. 关于在北京等 8 市开展某电力和部分现代服务业营业税改增值税试点的通知 [Z].（财税 [2016] 71 号）.

[21] 郝向军, 孙志胜. 浅析交通运输业营业税改征增值税 [J]. 新西部, 2012 (17): 41 – 40.

[22] 黄志宏. 探讨施工企业营业税改增值税对企业税负的影响 [J]. 全国商情 (理论研究), 2015 (18): 57 – 58.

[23] 李靖, 郝洪. 营业税改增值税对企业税负及利润影响——基于上海试点的研究 [J]. 财会通讯, 2017 (11): 55 – 56.

[24] 梁军. 营业税改增值税前后物流企业税收负担比较研究 [J]. 财会探析, 2017 (4): 126 – 128.

[25] 林楠. "营改增" 对交通运输行业的影响分析 [J]. 当代经济, 2013 (4): 106 – 107.

[26] 刘军阳. 营业税改增值税后对交通运输企业的影响 [J]. 交通会计, 2017 (9): 49 – 51.

[27] 刘梦婷. "营改增" 对我国电力的影响 [J]. 财会月刊, 2013 (6): 72 – 73.

[28] 刘敏. 浅谈 "营改增" 对某电力的影响 [J]. 中国集体经济, 2013 (7): 55 – 56.

[29] 刘议霜. 营业税改增值税对企业税负的影响分析 [J]. 中国商贸, 2016 (13): 104 – 105.

[30] 鲁盛潭, 彭景颂. 营业税改增值税对上市公司绩效的影响 [J]. 税收与税务, 2016 (24): 55 – 56.

[31] 鲁盛潭, 彭景颂. 营业税改增值税对上市公司绩效的影响——以上海市某电力为例 [J]. 商业会计, 2016 (24): 55 – 56.

[32] 雒艳. "营改增" 对某电力及其上下游企业的影响分析 [J]. 商业会计, 2013 (4): 43 – 44.

[33] 马国强. 中国税收 [M]. 大连: 东北财经大学出版社, 2015.

[34] 潘文轩. 税制"营改增"改革试点的进展问题及前瞻 [J]. 现代经济探讨, 2012 (12): 32 – 35.

[35] 钱玲. "营改增"对电力的影响 [J]. 中外企业家, 2012 (9): 90 – 91.

[36] 钱敏. 浅析营业税改增值税对企业税负的影响 [J]. 财会研究, 2016 (1): 20 – 21.

[37] 桑广成, 焦建玲.《营业税改增值税对建筑企业财务的影响及对策》[J]. 建筑经济, 2017 (6): 80 – 83.

[38] 孙丽娟. 论增值税"扩围"对公路施工企业的影响 [J]. 民营科技, 2012 (7): 170.

[39] 汤贡亮. 2010/2011 中国税收发展报告——"十二五"中国税收改革展望 [M]. 北京: 中国税务出版社, 2015.

[40] 王璐. 营业税改增值税需兼顾效率与公平 [N]. 经济日报, 2017 (3).

[41] 王素高, 蒋高乐. 增值税转型对上市公司财务影响程度研究 [J]. 会计研究, 2016 (2): 40 – 46.

[42] 王文贵. 营业税改增值税试点跟踪研究 [D]. 大连: 东北财经大学, 2016.

[43] 王蕴. 电力改征增值税的可行性分析 [J]. 中国外资, 2011 (23): 233 – 234.

[44] 王蕴. 电力改征增值税问题研究 [D]. 东北财经大学, 2016.

[45] 吴少群. 浅析增值税扩围改革对港口行业的影响——以 A 股上市港口企业为例 [J]. 港口经济, 2012 (4): 9 – 13.

[46] 武利红. 浅谈营业税改增值税对企业的影响 [J]. 财经界 (学术版), 2016 (3): 229.

［47］夏相如，金其森．诌议增值税、营业税两税合一［J］.经济师，2017（5）：208.

［48］徐曼丽．营改增对航空运输企业的财务影响及对策［J］.财会月刊，2012（32）：33－35.

［49］许芬艳．探析营业税改增值税对企业的影响［J］.时代金融，2016（11）：95－97.

［50］许景婷，晏慎友．增值税转型对上市公司财务指标影响的实证研究［J］.财会月刊，2014（4）：10－12.

［51］鄢春春．交通运输业营业税改增值税效应分析［J］.铁路采购与物流，2013（1）：55－57.

［52］杨隽．"营改增"对电力税负的影响分析［J］.会计之友，2015（5）：121－122.

［53］杨青芳，李小健．增值税转型对企业财务绩效的影响［J］.金融经济，2017（5）：151－152.

［54］杨全社．增值税和营业税的变化趋势及改革路径［J］.涉外税务，2016（6）：36－41.

［55］尹旭．浅谈营业税改征增值税对企业财务管理的影响以及加强对策［J］.经济研究导刊，2015（13）：145－146.

［56］于海霞．营业税改增值税对企业税负影响分析［J］.现代商贸工业，2016（16）：139－140.

［57］张明香，韩玲冰．营业税改增值税对航运企业的影响［J］.中国港口，2012（12）：22－24.

［58］张欣．某电力论增值税、营业税的合并问题［D］.兰州商学院，2015.

［59］张悦，蒋云赞．在《营业税改征增值税对地方分享收入的影

响》[J].税务研究，2017（11）：48-50.

[60] 赵丽萍.关于增值税的扩围改革 [J].税务研究，2016（11）：35-36.

[61] 中国注册会计师协会.2013年度注册会计师全国统一考试辅导教材——财务管理 [M].经济科学出版社，2016.

[62] 中国注册会计师协会.2016年度注册会计师全国统一考试辅导教材——税法 [M].经济科学出版社，2016.

[63] 周敏.营业税改增值税对企业的影响分析 [J].现代商业，2017（11）：126-127.

[64] 邹小康，施长友.电力增值税转型探讨 [J].财会通讯，2017（12）：94-95.

[65] Casancgrade Jantscher Milka. "Administering the VAT". In Value - Added Taxation in Developing Countries，edited by Malcolm Gillis，Carls，shoup and Gerardosicat. Washington，D. C：The World Bank，1990：171-179.

[66] Cherl Reither. 1998. What are the Best and the Worst Accounting Standards. Accounting Horizons. September.

[67] Herbert W. Davis，William H. Drumm. 2007 *Logistics Costs and Service*，Annual Conference Proceedings

[68] James C Johnson. 1990. Contemporary Logistics [M]. Macmillan Publishing Company

[69] Mc Lure，Charles E，Jr & Zodrow，George R，"Treasury I and the Tax Reform Act of 1986：The Economics and Politics of Tax Reform"，Journal of Economic Perspectives，American Economic Association，vol.1987（1）：37-58.

[70] Michael Jensen. 1999. The nature of man. The New Corporate Fi-

nance：Where the Theory Meets Practice. 2 edition. Irwin Mc Graw – Hill

　［71］Rey M. F. 2006. *Global logistics*：*surviving the minefield*，Technieal-report Shanahan J. 2004. *Third – party logistics 3p L roles continue to row*，logistics Management White J. A. 2004. *Reverse logistics*：*moves forward*，2004